過疎地域の戦略

Strategies for Depopulated Areas

新たな地域社会づくりの仕組みと技術

[編] 谷本圭志　細井由彦

[著] 鳥取大学過疎プロジェクト

学芸出版社

はじめに

いつの間にか、過疎地域は国内のフロントランナーになっている。これは言うまでもなく、人口減少や高齢化というこれまでに経験したことのない変化がわが国に到来し、その動向を過疎地域が先取りしているためである。このため、人口減少や高齢化に適応した過疎地域における地域社会の仕組みづくりは、今後のわが国に有用な経験をもたらす可能性が期待される。一方で、「村おさめ」という用語もあるように、主に財政支出の観点から村を積極的にたたんでしまおうという声があるのも事実である。

可能性としての過疎地域と重荷としての過疎地域。どちらも、それ相応の真実があることを否定はしない。ただし、これは過疎地域に固有の話ではない。どの地域も双方の側面をもちあわせていることを見逃してはいけない。過疎地域の対極にある都市をみれば、経済や国際交流に関するさらなる可能性と、災害やテロなどの有事に対する脆弱性という重荷が同居している。

未曾有の大災害であった東日本大震災は、多様な地域社会の相互扶助体として国があることを今一度確認する機会でもあった。特に、エネルギー・食料供給という生存にとって不可欠な資源の維持・供給は、過疎地域を含めた地方が担っていることを、われわれ国民は再認識した。重荷の側面はそれはそれで解決されなければならないが、それぞれの地域社会が有する可能性を開くことが、長い目でみれば、その地域社会に暮らす住民のみならず、広く、将来にわたって、豊かで安心できる暮らしをもたらすことを改めて皆が気付いたと思いたい。

それでは、地域の特性にあった地域社会の仕組みづくりは順調に進んでいるのであろうか。「山村振興法」や「過疎対策法」が登場して40年以上が経過している。その間、様々な地域で試行錯誤の経験が蓄積されているのは事実である。

しかし、個々の過疎地域が何らかの問題に直面した際に、どのような方向性で課題解決が図れるかについて共通的な理解が形成されたかと言えば、そのような状況にはないのが現実であろう。人口減少や高齢化が本格的に到来している今、言葉どおりの意味での試行錯誤はそろそろ終わりにし、地域社会の仕組みづくりを体系的に展開する土台がなければ、これらの変化の激流に飲み込まれ、翻弄されるであろう。

本書は、このような問題意識に基づいて鳥取大学に発足し、主に市町村との密接な連携のもとで様々なフィールド実践的な研究を実施してきた研究チームによるものである。そこでは、過疎地域自立促進特別措置法の要件を満たす自治体のみならず、過疎地域と同様の課題に直面する自治体とも協力して研究を進めてきた。本書では、これらの研究成果のうち、新たな地域社会の仕組みづくりの研究を取り上げ、地方自治体の職員や、将来に職員もしくはその人々をサポートする職を目指す大学生、NPOなどの地域の運営に携わる人々をはじめとして広く一般にも分かるよう成果を取りまとめたものである。その際、過疎問題の経緯や実態分析などについてはすでに多くの書籍で紹介されているため、ここでは割愛した。

本書の特色の一つは、研究チームのメンバーが様々な地域社会づくりの現場に当事者の一人として参画し、自治体や地域住民などとの模索を経て生まれたフィールド実践に基づいている点である。具体的には、「生の課題」を等身大に受け止め、それをどのような検討課題に見立てるのかを設定した上で、これまでの仕組みの改善というよりは新たな仕組みづくりを志向し、それを検証するアプローチによっている。その過程では、「知を実践に適用」しながら「実践から知を得る」という二つの営みを同時に推進しており、これらが本書で取り上げる一つ一つの成果に結実している。

二つ目は、特定の分野に焦点を当てるのではなく、福祉、交通、経済、防災、観光、保健など多様な分野を取り扱っていることにある。これは、本書が分野横断的な研究チームによって執筆されているためという消極的な理由からではなく、過疎地域の可能性を開き、持続的な地域に資するアイデアを整理してみると、どの分野にも共通の戦略があるという積極的な理由による。異なる分野の課題であってもそれらが人口減少、高齢化、過疎化という共通した源に端を発している以上、本質的にはどの分野でも同様の戦略が有効であることを我々は学んだのである。これらの戦略こそが、地方自治体が自らの地域社会の仕組みをつくるうえでの有効な方向性になるであろう。

しかしながらもちろん、われわれのすべての成果が本書で紹介できているわけではない。また、研究そのものも途上にある。不十分な点があることは承知している。しかし、今後、本書で提案した持続的な地域社会づくりのための戦略や個々の取り組みの有効性をさらに確固なものとするような研究や地域活動、それを淘汰するだけの革新的な戦略が出現することは望むところである。その延長として、過疎地域における科学的な地域社会づくりの学術の蓄積と、それによる地域社会づくりの実践を両輪として前進するプロセスの一端として、本書が貢献できれば幸いである。

2012年10月

プロジェクトを代表して

谷本圭志

目次

2章 フィールド実践に基づいた新たな仕組みと技術の提案

	6　エコツーリズムの経済的な成立可能性	131
	7　中山間地域における生業としてのエコツーリズム	134
	◆コラム　双方向型のツーリズムの可能性　　　古塚秀夫	135

2・5　多様な主体の重層的な参加に基づく公共交通システム …………136
谷本圭志

1	高齢化の最前線での公共交通計画	136
2	社会実験の経緯——鳥取県日南町	137
3	多様な運行主体の重層的な参加に基づいた計画	139
4	本格運行の経過	142
5	公共交通サービスのイノベーションも視野に入れて	144

2・6　遠隔医療による在宅医療／医療連携システム ……………………146
近藤博史

1	過疎地域における医療の現状	146
2	今必要とされている遠隔医療システム	148
3	衛星通信を利用した在宅医療システムの開発と実証実験とその後	149
4	名寄せサーバを中心にした地域医療連携システムの構築	151

2・7　情報技術を用いた公共交通の利用促進システム ………………157
伊藤昌毅・川村尚生・菅原一孔

1	公共交通の持続可能性を高める情報技術	157
2	公共交通の利用促進システム「バスネット」とは	157
3	バスネットが実現する公共交通の使いこなし方	159
4	バスネットへのアクセスから探る公共交通への需要	162
5	さらなる公共交通の利用促進のために	165

2・8　ソーシャルメディアを活用した地域マーケティング ……………167
石井　晃

1	地域マーケティングのターゲット	167
2	ソーシャルメディアを用いたマーケティングの可能性	168
3	「ヒット現象の数理モデル」の考え方	169
4	地域マーケティングにおける観光客の予測	171

過疎地域の戦略

新たな地域社会づくりの仕組みと技術

序　過疎地域の今後と課題解決の戦略

谷本圭志

1　三つの課題——人口減少、高齢化、過疎化

現在の過疎地域が直面している社会的な現象は、その名称からおのずと明らかな過疎化に加え、人口減少、高齢化である。「人口減少・（少子）高齢化」や「過疎・高齢化」といったように、これらをひとまとめに表現されることもある。これらの現象は同時に進行することが多く、実際、過疎地域では、これらが同時に進行している。しかし、これらの現象はまったく異なる現象であり、それぞれに起因して生じる課題の様相は異なる。したがって、課題の解決の仕方もおのずと異なっている。そこで、まずはこれらがどのように異なっているのかを理解しておくことが肝要であろう。

人口減少とは、人口、つまり、人の数という「量」が減ることである。換言すると、「人」という単位で測られる対象の絶対量が減るということである。これに対して、過疎化は、地域の人口密度が疎、すなわち、人がまばらに住むようになることである。一般に人口密度は「人／km^2」といった単位で表されるように、人の数を当該地域の広さ（面積）で割って求められる。このため、過疎化は人が減ることを直接的に意味するわけではなく、空間的な広さに対する人の数という相対的な「量」が減ることを意味する。人口密度が疎になるということは１／人口密度（単位はkm^2／人）の値が大きくなることと同じであるから、一人に対する当該地域の面積が大きくなることも意味する。すなわち、一人の人間が克服すべき距離や空間範囲が大きくなる傾向も意味する。高齢化については、高齢化率（単位は％）で測定されていることが多いが、人口に占める高齢者の割合であることから、高齢者という特定

の人々の構成比という人口の「質」的な側面が変化することを意味する。

以上のように、人口減少、高齢化、過疎化は異なった現象である。それでは、それぞれの現象がどのような社会的な課題をもたらすのであろうか。それを例示したのが表1である。表の最左列に、課題の例を示している。人口減少に○印がついている課題は、主に人口減少に起因して生じる課題であることを表している。例えば、「同世代が少ない」とは、学校のクラスに同学年の生徒が少ないことや、子育てをする年代の同世代が少ないなど、同じライフステージにある人の絶対数が少ないことを表している。

商店は、その商圏内に十分な人口があり、また、客単価が十分に高い場合に立地・維持の可能性が期待できる。しかし、人口という絶対数が減るとともに、高齢になると食が細くなる人が増え、それによって食料品などの購入額も少なくなるとすると、人口減少と高齢化は商店の経営の撤退を引き起こし、その結果、「近所に商店がない」という課題をもたらしうる。

除雪は、個人に十分な体力があればよいが、高齢化して体力が落ちると困難になる。一方、自分で除雪することは困難であっても、近所に除雪の支援を依頼できる人がいればよい。このことは逆に、過疎化によって人々がまばらに居住している場合、そのような人が近くにいない可能性が高い。このように、高齢化と過疎化は、「除雪に困る人が多い」という課題をもたらしうる。

外出は、除雪と同様、高齢化して体力が落ちると大変な活動であり、自力で自家用車を運転するのも困難となる。また、自力で運転できなくても路線バスやタクシーなどの公共交通があればよいが、人口が減少すると運賃収入が少なくなり、その結果、赤字額が増えることによって公共交通事業者が撤退すれば、住民にとって外出が困難な環境となる。また、過疎化が進行すれ

表1　社会的な課題の例と人口減少、高齢化、過疎化の関係

課題の例	人口減少	高齢化	過疎化
同世代が少ない	○		
近所に商店がない	○	○	
除雪に困る人が多い		○	○
外出に困る人が多い	○	○	○

ば、個々の乗客を移送するのに多くの距離の運行を余儀なくされ、運行費用の増加を招いて赤字額が増加し、人口が少なくなる場合と同じ結果がもたらされる。このように、人口減少、高齢化、過疎化はいずれも、「外出に困る人が多い」という課題を引き起こす要因となる。

2 今後の地域像と課題解決の戦略

(1) 人口減少

わが国の人口は、2004年12月にピークを迎え、その後、減少を続けている。今後100年間で100年前（明治時代）の水準にもどっていく可能性があると言われており、これまでに未経験の時代に突入している。この動向を先取りしているのが過疎地域である。都市部への若年層の流出に起因する人口減少がはじまって久しく、現在もその動向が続いている。

図1の左側には、鳥取県内の過疎地域である若桜（わかさ）町、三朝（みささ）町、日南（にちなん）町の人口推移を表している。また、これらの町の人口推移を指数（2005年を100とする）で表したのが右図であり、比較のため、鳥取県、全国も加えている。これらの図によると、全国と比べると鳥取県の人口の減少も著しいが、若桜町、三朝町、日南町では鳥取県よりもさらに急速に人口が減少することが分かる。

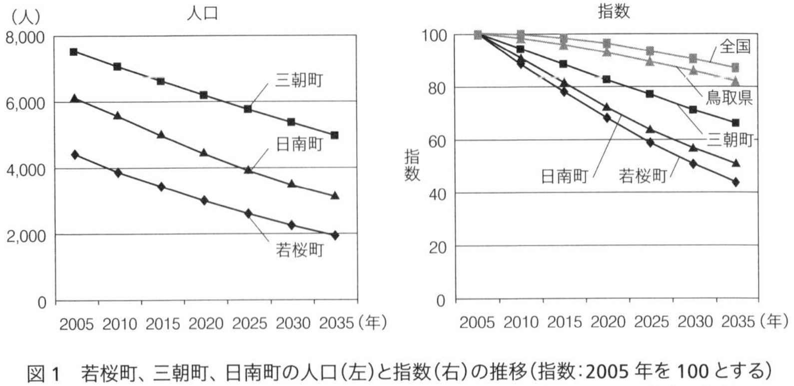

図1　若桜町、三朝町、日南町の人口(左)と指数(右)の推移(指数:2005年を100とする)
(人口問題研究所「日本の市区町村別将来推計人口（2008年12月推計）」を用いて、筆者が作成)

若桜町においては2035年の予測人口は2005年と比べて43.5%であり、半数以下の1,905人となっている。日南町においても、2035年の予測人口は2005年と比べて50.5%である。すなわち、市町村によってはここ30年で人口が半減、もしくはそれ以上のペースで事態が進行している。

それでは、この現象に対して、どのような対応策が求められるのであろうか。人口が減らないようにするには、人口を増やす策を講じればよいというのが従来の考え方であった。しかし、それが功を奏した例はあったとしても稀であろう。また、全国的に人口が減少傾向を呈している中で、過疎地域で人口を増やすのは容易ではない。このため、人口が減少する、また、減少の結果として人口が少ない状態を前提としたうえで、それに適応した地域づくり、社会の仕組みに再構築することが現実的かつ有効である。

兼業

そこでまず考えられるのが、個人や組織が二役、三役をこなすという戦略、すなわち、**兼業**である。つまり、人の頭数を増やすのではなく、単一の主体がすることを増やすのである。半自給的な農業とやりたい仕事を両立させる「半農半X」もこの一つの形態である。効率的な役割分担の仕組みとしては兼業ではなく分業が欠かせないのが定説であった。しかし、人口が少ない地域で単一の主体が一つの役・業を分業的に担おうとすると地域の人材では不足が生じたり、主体の稼働が悪くならざるを得ない。このため、いくつかの役・業をある主体や複数の主体の連合体が一括して担うことが有効であろう[1)]。このことは見方を変えると、ある主体がいくつかの役・業を複合的に担うということでもある[2)]。

連携

二つめの戦略は、地域や組織などの内部で人材を確保することの限界を積極的に認識したうえで、外部の人々や組織と**連携**することである。これには、マンパワーという量的な補完を外部に求める場合や、例えば都市に居住している人や特定の専門知識をもっている人など、地域にはいない人材を外部に求める場合があろう。

分散自立

上に取り上げた二つの戦略は、人の少なさを補うという考えに基づくものである。一方で、個々人の地域への貢献に対する質が向上すれば、量としての人が少なくなることに伴う不利を凌駕しうる。人口が少なければ、人が多いと非常に困難を極める“合意形成”も図りやすく、コミュニティが目指すべき方向を熟議し、追求することが可能となる。このように、人口の少なさを活かし、自らのニーズに即した自立的な地域社会づくりをそれぞれのコミュニティや各種団体に促すことは、地域の人々の活力・能力の向上を期すことができ、地域社会の持続に貢献をもたらすであろう。この戦略は、**分散自立**を促す戦略と言えよう。本当の自治を進めるということでもある[3)]。

(2) 高齢化

わが国の高齢者数は今後しばらく増加し、2040年頃にピークを迎えた後に、減少すると予測されている。高齢化率では、2005年で約20%であったが、その50年後である2055年には約40%に倍増することが予測されている。この

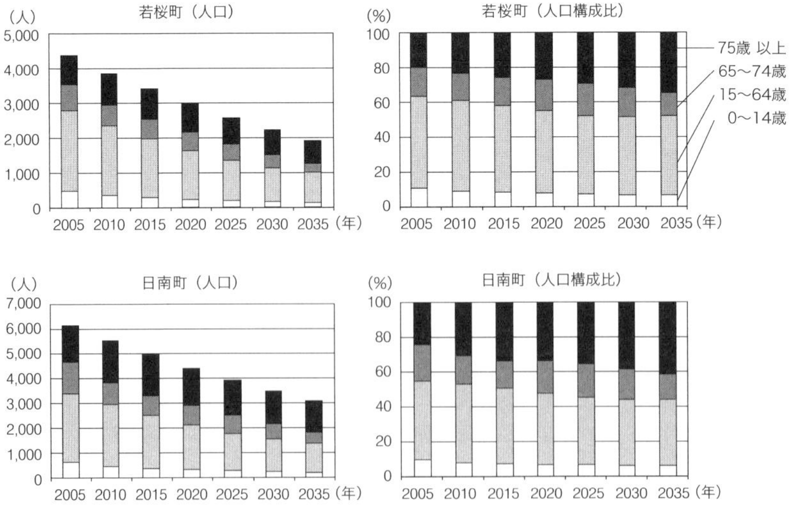

図2　若桜町、日南町の人口、人口構成比の推移
（人口問題研究所「日本の市区町村別将来推計人口（2008年12月推計）」を用いて、筆者が作成）

ような潮流の中で、とりわけ重要な点が、高齢者の内訳の変化である。65〜74歳までの前期高齢者の増加はさほど顕著ではないが、75歳以上の後期高齢者の比率が大きく伸びる。2055年では、後期高齢者の数が前期高齢者の数の倍近くになる見通しである。

この動向についても、過疎地域がすでに先行している。図2に鳥取県若桜町の人口ならびに構成比の推移を示そう。図2より、若桜町においては2005年で37%の高齢化率は、その30年後である2035年には48%になることが予測されている。日南町では高齢化がさらに進行し、2005年で45%の高齢化率は、その30年後である2035年には56%になることが予測されている。これらの町は、2005年で高齢化率が約40%であるが、これは日本全国の2055年時点、すなわち、2005年から50年後の数値である。この意味において、若桜町や日南町は日本の50年後を先取りしていると言える。また、前期高齢者の伸びに対して後期高齢者の伸びが大きいという全国的な傾向は、若桜町と日南町においてはすでに始まっており、これらの点でもわが国の将来を先取りしている。

さらに注目すべきは、若桜町、日南町における高齢者数の絶対数の推移である。2005年以降、高齢者数の減少が予測されている。したがって、高齢化率の上昇と高齢者数の減少が同時に進行する。これは、全国の今後しばらくの傾向と異なる点である。このもとでは、高齢化率が上がるからといって高齢者向けのサービスの必要量を直ちに増やすことは必ずしも適当ではない。これらの町では、すでにそのような局面に入っているのである。

高齢化に対する戦略はどのようなものであろうか。人は年をとる定めがあ

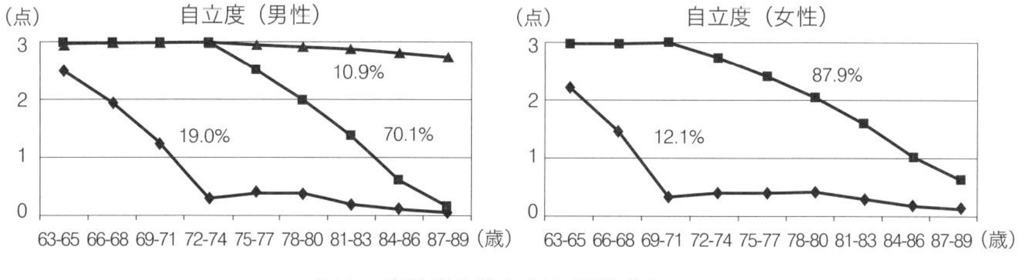

図3　高齢者の自立度の推移パターン
（出典：秋山弘子[4]）

るため、高齢者に生物学的な若がえりを期する策を講じるのは無理である。しかし、目線を変えると、あきらめなくてもよさそうである。図3を参照されたい。この図は、全国の高齢者を対象に20年間の追跡調査を行った結果であり、年齢を重ねると人の自立性がどのように低下していくかを表している[4)]。縦軸は自立度であり、基本的な日常生活動作（風呂に入る、短い距離を歩く、階段を2、3段上がる：ADL（Activity of Daily Living）と呼ばれる）がどれだけできるか、道具や手段を用いた日常生活動作（日用品の買い物をする、電話をかける、バスや電車に乗って外出する：IADL（Instrumental Activity of Daily Living）と呼ばれる）がどれだけできるかで点数づけされる。具体的には、3点であればADL、IADLの活動項目を自立してできる、2点であればIADLの項目は要支援、ADLの項目は自立、1点であれば、ADL、IADLの項目ともに要支援、0点であれば死亡に対応している。この図より、男性においては10.9％の人々が生涯において、また、70.1％の人々が70歳代までは高い自立度を示すことが分かる。女性においても、87.9％の人々が70歳代までは高い自立度を示すことが分かる。

活躍機会の創出

このように、人々を生物学的に若返らせる必要もなく、70歳代までは高い自立度があり、機能的な健康を維持する人々が大勢いる。したがって、これらの人々に地域社会を支える経験豊富な人材として活躍してもらうための、**活躍機会の創出**を目す戦略が重要である。これについては、すでに多くの人々から提案がなされている。

個別対応

しかし、全員が生涯にわたって健康を維持できるわけではなく、一般に後期高齢者の年齢辺りから自立度の低下がはじまり、その個人差もあろう[5)]。また、同居する家族の構成についても、単身の人もいれば子や孫と同居する人もおり、個々が置かれている状況は多様である。したがって、医療や福祉はもとより、まちづくりや交通、生活関連サービスなどにおいても、それぞれの高齢者の態様になるべく寄り添える、いわば**個別対応**という戦略が求められる。

訪問型／近所型

特に、心身機能の低下に伴う身体的な負担や精神的な負担（不安感）が少ない生活環境を整えることは重要であり、そのためにも慣れ親しんだ自宅や近所で本人が生活できるための支援、つまり、**訪問型／近所型**の生活支援も有効な戦略となる。

(3) 過疎化

「過疎」は、わが国の高度経済成長期から用いられてきた用語であり、1970年には「過疎地域対策緊急措置法」の制定により、法的にも用いられるようになった。過疎の意味を、「地域社会の機能が低下し、住民が一定の生活水準を維持することが困難になった状態」とすることもあるが、その言葉の直接的な意味は、人が過度にまばらに住んでいることである。このため、過疎化は一定の空間的な範囲に住んでいる人がどれだけ減っているかで表される。

過疎化を視覚的に見てとれるように試みたのが図4である。図4はある中心的な地点から同心円状に何kmの範囲に何人の人口がいるのかを表したものであり、左図は日南町役場、右図は同町内の山間地に位置する山上生活改善センターを中心としたときの図である。図の横軸は中心からの距離、縦軸がその距離内に居住する人口（圏内人口と言う）である。それぞれの図には、1995、2000、2005年における距離と圏内人口の関係を図示している。

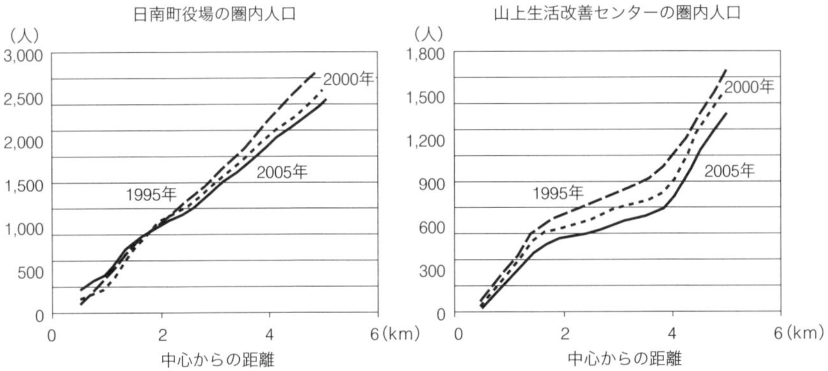

図4　中心からの距離と圏内人口の推移

中心からの距離が長いほど多くの人口を囲うことができるため、どの年においてもその距離が増加すると圏内人口も増加する。しかし、増加の仕方は年ごとに違いがある。1995年と2005年を比較すると、2005年では距離が増加しても圏内人口はなだらかにしか増加しない。視点を変えれば、日南町役場を中心とした場合、1995年において中心から2,200〜2,300人ほどの人口を囲おうとすれば4km以内で十分であったのに対して、2005年では5kmとさらに1km先まで囲わないと同じ人口が囲えない。日南町役場よりも山間地に位置する山上生活改善センターについても同様に、1995年に中心から2km以内にいた人口と同じ圏内人口を確保しようとすれば、その倍の4kmまで距離を長くしなければならない。このように、過疎化が進行すると、ある範囲に人がいない、その裏表として、人を探すのに広い圏域を見渡さないといけないという事態が生じている。

集約化

まばらであることの困難を解消するための直接的なアイデアとして、まばらであるものを集めるという戦略、つまり、**集約化**が考えられる。これには、コンパクトシティのように人や物などの実体を集約する場合と、自治機能などといった機能を集約する場合がある。いずれに場合も、資源（マンパワー、金銭など）が散在することに伴う非効率性の軽減や、規模・範囲の経済を高めることによる効率性の改善が期待できる。

広域化

図4に示すように、人がまばらであれば、ある空間的な範囲には比較的少ない人々しかいない。このため、狭い範囲に限ってしまうと、例えば小売業において、十分な顧客がいないために経営が成立しない場合や不効率である場合が生じたり、生活支援において雪かきのボランティアが見つからないといった事態が生じる。このことは、狭い範囲に限定するから生じることであり、より広い範囲まで広げると、解決の可能性があるということでもある。そこで、**広域化**が有効な戦略となる。広域化はすでに救急や消防、ごみ処理などの様々な分野で定着しているが、これら以外についても、例えば弱体化した相互扶助に関して、相互扶助の体制を広域化することなども今後は考え

られる。

スポット対応

人が稠密に存在している地域では、面的に社会資本やサービスを整備・供給することが一般的である。しかし、人がまばらである地域で同様のアプローチをとると、人がいない多くの場所にも整備がなされることになる。したがって、面ではなく、必要があるその場所にそのつど応じるという**スポット対応**という戦略が有効である。下水処理における個別処理（合併浄化槽）方式、公共交通における予約に基づいて運行するデマンド方式などがその具体的な例である。

3 本書の構成

本書では、過疎地域が直面している人口減少、高齢化、過疎化を以上のように認識したうえで、以下では序の２項で述べた戦略の有効性を具体的な課題に沿って検証・論述していく。まず１章では、著者のプロジェクトメンバーが様々なフィールドでの地域社会づくりに参画して具体的な検討をする中で得た貴重なデータを用い、それぞれの分野における現状ならびに今後についての診断を行い、その文脈の中で課題解決の戦略の有効性を確認する。次いで２章では、個々のメンバーが当事者の一人として現場での検討に参画し、地域と連携しながらつくりあげた仕組みを取り上げ、その意義や狙いを序の

表２　課題解決の戦略と本書の内容の対応関係

現　象	戦　略	該当する章・節
人口減少	兼業	2･2 節、2･4 節
	連携	1･1 節、2･3 節、2･4 節、2･6 節、2･8 節、3･2 節
	分散自立	1･5 節、3･2 節
高齢化	活躍機会の創出	1･4 節、1･5 節、2･2 節
	個別対応	1･2 節、1･3 節、2･5 節
	訪問／近所型	1･3 節、2･1 節、2･6 節
過疎化	集約化	1･2 節、2･1 節、2･7 節、2･9 節、3･1 節
	広域化	1･1 節、1･6 節、2･1 節
	スポット対応	1･6 節、2･5 節、2･8 節

2項における課題解決の戦略に即して整理して提案する。その際、社会運営のための仕組みと、その仕組みを支援するための技術を提案する。最後に3章では、2章までに紹介した戦略を政策サイクルに沿って具体的に展開していく際に、自治体が直面する課題やその解決の方向について述べる。ここでは、本書に示す成果を生む原動力となった鳥取大学と自治体との連携体制についても、戦略を実現するための一つの具体策として紹介する。なお、3章は2節から構成されているが、それぞれの節の視点は共通しているため、ひとまとめにして読んでいただきたい。

1章以降の内容と序の2項に述べた課題解決の戦略との関連性は表2のように表すことができる。ここでは、そのアウトラインを戦略別に簡単に述べておこう。人口減少に対する戦略である兼業については、間伐材の運搬などの森林整備の担い手（2･2節）やエコツーリズムの案内役（2･4節）の業としてその有効性を確認する。連携については多くの分野で確認でき、集落（1･1節）、森林組合（2･3節）、大学（2･4節、3･2節）、医者や医療機関（2･6節）、都市住民（2･8節）で、また、分散自立については防災活動での共助（1･5節）や従前の行政サービスを住民へ分権する（3･2節）という文脈でその有効性を論じる。

高齢化に対する戦略である高齢者の活躍機会の創出については、今一度その意義が再認識される農作業（1･4節）、防災活動（1･5節）、森林整備の担い手（2･2節）において有効性を論じる。また、高齢者の態様にあわせた個別対応の有効性は森林管理（1･2節）、公共交通ならびに生活支援サービス（1･3節、2･5節）において、訪問／近所型のサービスについては移動販売などの生活支援サービス（1･3節）、福祉サービス（2･1節）、在宅医療システム（2･6節）において有効性を確認する。

過疎化についての戦略については、森林情報（1･2節）、福祉サービスの担い手（2･1節）、利用可能なバスダイヤの情報（2･7節）、所有者が不明確な土地情報（2･9節）ならびに行政における投入資源（3･1節）の文脈で集約化の有効性を検証する。また、相互扶助（1･1節）、下水処理（1･6節）ならびに福祉サービス（2･1節）で広域化、合併浄化槽（1･6節）、予約制のデマンド型交通（2･5節）、ソーシャルメディアを用いた地域情報の発信（2･8節）においてスポット対応の有効性を確認する。

なお、構成の上では、序の２項を踏まえて１～３章が展開されるが、研究プロセスはその逆、すなわち、１～３章で紹介する実践的な研究を重ねていく中で戦略の仮説が生まれ、その仮説に基づいて研究を進めつつ仮説をさらに修正して確定させていくというダイナミックなプロセスに基づく。読者には、本書に表出している「表の順序構成」と、実践研究の営みにおける「裏の順序構成」に違いがあることについても、本書がフィールド実践的な研究成果であるがゆえの一つの特徴として、あわせて理解していただきたい。

【参考文献】

1）例えば、NPOがいくつかのサービスを兼ねて供給する事例を紹介したものとして、以下がある。日本経済新聞社産業地域研究所（2009）：特集 地域再生、住民自治組織が挑む、日経グローカル No. 116、pp. 8-17

2）例えば、藤山浩（2011）：買い物弱者をつくらない地元の創り直しを―「郷の駅」を核とした複合型の拠点構造をめざせ―、月刊地域づくり５月、財団法人 地域活性化センター

3）保母武彦、菅野典雄、佐藤力、竹内是俊、松野光伸（2010）：小規模自治体の可能性を探る、福島大学ブックレット・21世紀の市民講座 No. 7、公人の友社

4）秋山弘子（2010）：長寿時代の科学と社会の構想、科学、岩波書店

5）鈴木隆雄（2012）：超高齢社会の基礎知識、講談社現代新書

◈コラム 「30 年後の日本の姿」――鳥取県日南町

谷本圭志

鳥取県日南町の位置

日南町と鳥取大学とは古くから様々な共同活動を行ってきた。2006 年 3 月には、日南町の活性化へ向けた研究および実践活動、学生の教育研究活動のフィールドの場として利用することを目的として、「鳥取大学・日南町地域活性化教育研究センター」を設置することの協定を締結し、以前にも増して、様々な活動を大学と展開している。現在は、日南町以外にも琴浦町、南部町との協定を大学は締結しているが、大学との協働の歴史がもっとも古いのが日南町である。したがって、本書においても日南町をフィールドとした実践が多く取り上げられている。そこで以下では、日南町を簡単に紹介しておこう。

鳥取県日南町は、鳥取県西部、中国山地のほぼ中央に位置し、島根県、岡山県、広島県の 3 県と接している。町域は東西に 25km、南北に 23km の広がりがあり、面積は約 $341km^2$ である。南部には 1,000m 級の山がそびえ、北部はなだらかな準平原台地がいる。河川沿いを中心に田園が広がり、標高 280m から 600m の間に大部分の集落と耕地が集っている。平均気温は標高 490m の地区で約 11℃、降水量は年約 2,000mm で、冷涼多雨な気候である。降雪期間は 12 月から 3 月で、多い地区で 1.0 ～ 1.5m の積雪がある。

日南町は 1950 ～ 60 年代のピーク時には 1 万 6,000 人を超える人口を抱えていたが、その後に人口減少が顕著となり、現在では人口 5,457 人、直近 5 年間の人口減少率は 10.7%である。また、高齢化率は 48.1%に達しており、典型的な過疎の町である（平成 22 年度国勢調査）。

「30 年後の日本の姿」とも言われる知る人ぞ知る町であり、中でも日南病院における先進的な過疎地医療は全国的にも有名なモデルである。平成の市町村合併では単独での存続を選択して、現在に至っている。

1章

過疎地域の現状・将来診断から見た戦略の実現可能性

1・1 集落における相互扶助の現状と今後の展開の可能性

谷本圭志

1 見直しを迫られる相互扶助

一般に、過疎地域は近所づきあいが濃密な地域であると言われてきた。このため、食料の調達や通院、除雪などといった活動の実施に困難がある世帯があっても、集落内の近所の人々が助力を差し伸べ、困窮が生じないような仕組みがあった。すなわち、相互扶助が機能していた。

しかし、昨今では、子どもと同居しない高齢世帯が増加し、他人の助力を必要とする人々が増える一方で、集落の人口の減少に伴って助力を差し伸べることができる人が少なくなっている。また、近所を助けて当たり前という意識をもっている人が従来と比べて減っているかもしれない。

この事態に対して、地方自治体が何らかの行政サービスを行うことで相互扶助を補っていくことが考えられる。しかし、どの自治体にもそのための財政的・人的な余裕が必ずしも十分にあるわけではなく、また、実施するにしても、地域の隅々にまで公平にサービスができるかとなるとその実現可能性は疑わしい。そこで、伝統的な相互扶助を人口減少や過疎化に適応する形で見直し、住民による住民の助け合いの機能を維持するのが一つの有力な解決策と考えられる。

以下ではまず、鳥取県三朝町を対象としたアンケート調査結果を用いて、様々な生活の活動において他人の助力を必要としている人がどれだけいるか、それに対してどれだけ助力を差し伸べることができる人がいるのかについての現状を紹介するとともに、そのデータに基づいて将来の相互扶助の姿を推計する。そこに現れる姿は必ずしも楽観できる状況ではなく、集落を単位とした伝統的な相互扶助から複数の集落をまたいだ広域的な相互扶助へ展開・再構築していくことの有効性を検証する。

2 助力に関する需給の実態

鳥取県三朝町は鳥取県の中央部・岡山県との県境に位置する自治体である。町の中心部には三朝温泉があり、町内の東部にある三徳山投入堂とともに町内の重要な観光資源となっている。人口は7,015人（平成22年国勢調査）であり、高齢化率は32.7%である。

2007年度に鳥取県三朝町を対象に、生活を営むうえでどのような活動において助力が必要か、また、自分が提供できる助力は何かを住民に聞き取ったアンケート調査[1)]に着目しよう。そこでは、配布した枚数は1,247通であり、回収率は82%であった。対象とする活動としては、相互扶助が必要となりうる活動として、除雪、介護、鳥獣対策、買い物、通院などを取り上げている。

以下では、助力を必要とする人数を「需要量」、助力を提供できる人数を「供給量」と呼ぼう。仮に一人の人は一人の人しか助けることができないとすれば、集落内における相互扶助で困窮する人が生じないための条件は、集落内における供給量が需要量を上回っている場合である。逆に、需要量が供給量を上回っている場合は、集落内のみの相互扶助では困窮が生じる人が出てしまう。なお、一人の人は一人の人しか助けることができないという想定は

表1　各集落の人口、世帯数、高齢化率（2008年4月1日現在）

集落	人口／世帯数	高齢化率	集落	人口／世帯数	高齢化率
A	119／45	37.0	H	136／38	36.8
B	61／18	34.4	I	68／15	27.9
C	12／5	50.0	J	139／37	26.6
D	229／75	40.2	K	258／81	22.5
E	151／50	29.8	L	129／39	26.4
F	79／25	31.6	M	36／15	52.8
G	24／10	33.3			

※単位は、人口（人）、世帯数（世帯）、高齢化率（%）

便宜的であると思われるかもしれないが、除雪や買い物などを想起すればわかるように、一人の住民が複数の人を一手に引き受けて助けることは時間的・労力的にはそう簡単ではないのも事実であり、さしあたってはこの仮定のもとで話を進めたい。

この調査では三朝町におけるいくつかの集落をサンプルとして抽出して調査しており（表１を参照）、それらの集落における除雪に関する需要量と供給量の現状を表したのが図１の左図である。この図によると、ほとんどの集落では集落内の相互扶助のみで困窮が生じる人が出ない。ただし、集落Ｅについては、調査時点において需要量が供給量を上回っており、他の集落よりも需給が逼迫していることが分かる。

図１の右図は、買い物を対象とした需要量と供給量である。買い物においてはすでに深刻である。需要量よりも供給量が上回っている集落もいくつかあるが、そうではない集落が少なくない。現在、このような集落に住む人は、我慢して自力で何とかしているか、移動販売などの商店のサービスに頼って暮らしている、月に何度かの自分の子供の訪問にあわせて買い物を頼んでいるなどによって対応しているものと考えられる。

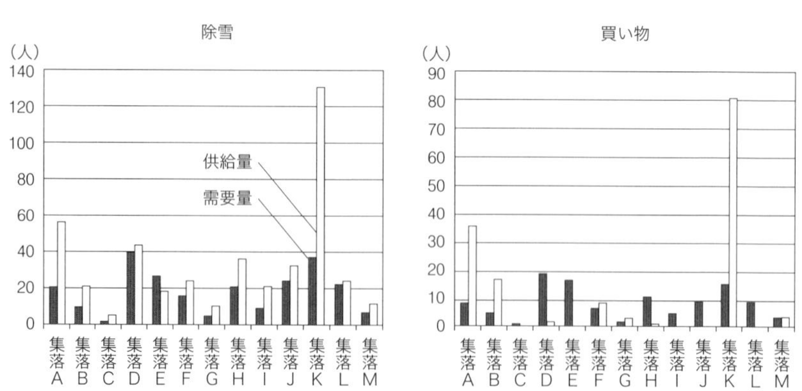

図１　各集落における助力の需要量と供給量

3 助力に関する需給の将来像

現在においても、活動によっては助力を要する人がいるのに対して、同じ集落内の人だけではそこに助けを十分に差し伸べられない実態がある。このような事態は、今後、ますます生じる可能性が高いと言える。

その一つの要因が、高齢化の進行である。序で述べられているように、今後より多くの人口比を占めるのは75歳以上の後期高齢者であり、また、75歳以上は身体能力が低下した人々が増える。助力の必要性は体力が弱くなるといった身体能力の低下と連動すると考えられるため、将来においては、助力の需要量の増加が見込まれる。

もう一つの要因が、世帯構成の多様化である。厚生労働省の国民生活基礎調査によると、図2に示すように、これまでは子供と同居しない高齢世帯が増える傾向にあり、その傾向は今後も続くと考えられる。子供と同居していれば子供に助力を依頼すれば事足りていたが、同居していない状況にある高齢世帯はそうはいかない。世帯構成の変化は将来の助力の需要量を押し上げるもう一つの要因である。

そこで、これらの要因の将来変化を見据えながら、将来の相互扶助の姿を分析してみよう。ただし、世帯構成の将来像を推計することには技術的に困

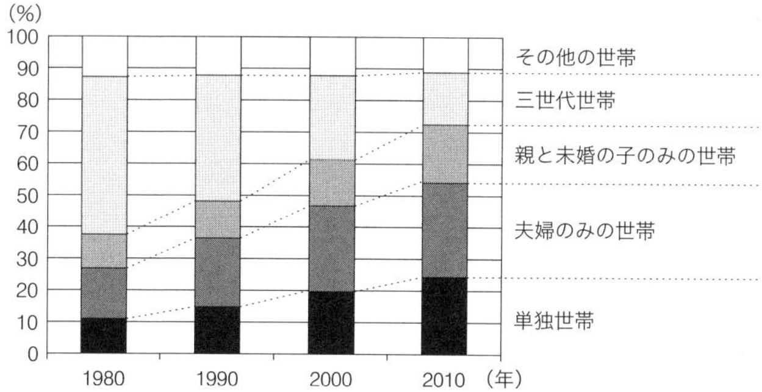

図2　高齢者のいる世帯についての世帯構造別の構成割合
(出典:厚生労働省「国民生活基礎調査」)

表2　各活動に関する年齢別の需要原単位（100人当たり）

年齢区分	活動			
	除雪	買い物	通院	鳥獣対策
60～69歳	15.1	5.8	5.9	16.3
70～79歳	18.8	21.8	20.8	19.8
80歳以上	21.0	25.8	21.0	19.8

難が伴うため、以下では一つめの要因である高齢化の進行に焦点を当てよう[2)]。

アンケート調査の結果より、百人当たりにどれだけの需要があるのか（これを「需要原単位」と呼ぶ）を年齢別に整理したものが表2である。先に取り上げた除雪ならびに買い物に加えて、通院（自分に代わって他人に病院に行ってもらうわけにはいかないため、厳密には、病院までの送迎を他人に助けてほしいという意味である）、鳥獣被害（家の庭や田畑に出現する鳥獣への対策について他人の助力がほしいという意味）も参考情報として示しておこう。これによると、多くの体力を要する除雪については、60歳代から比較的多くの高齢者にとって助力を要する活動になっている。これに対して、買い物や通院といった外出を要する活動については、60歳代では助力の必要性は低いものの70歳代以上になると、急激にその必要性が生じる高齢者が増える。このことは、「70歳を過ぎると外出をするのに十分な身体能力がない人が増える」という序で述べた内容を具体的に裏付ける結果にもなっている。

次いで、2015年時点における各集落の年齢別人口をコーホート法によって算出し、その人口に需要原単位を乗じ、活動ごとの需要量を三朝町のすべての集落について算出した。

一方、助力の供給量についての算出は難しい。これは、助力を提供できるか否かは、その人の時間的な余裕や家族の事情、自身の熱意など個別的な多くの要因に依存するためである。そこで、幾分粗い想定であることを承知のうえで、アンケート調査で供給の意向・余裕があると回答した人の割合を求め、それを65歳以上の人口（65歳未満の住民は就労のため助力の提供は無理であることを想定したため、65歳以上の人口に限定した）に乗じるという計算を行った。

実際は、「元気ややる気のある集落」ではもともとの相互扶助的な精神の強さに起因して多くの供給量が、また、そうではない集落では少ない供給量が期待される。しかし、この計算ではそのような差異が集落間で平滑化されるため、本来供給量が少ない集落では過大な供給量となってしまうことに注意を要する。

この想定のもとでの試算結果が図３である（集落の数が多いため、横軸は大字とした）。活動については買い物を対象とした。将来においては、15の集落（13の大字）で供給量よりも需要量が上回る。買い物については、一度に何人もの人の買い物を一手に引き受けて商店をまわるなどということは時間的にも労力的にも難しいことから、「一人の人は一人の人しか助けることができない」という想定は現実的であろう。すると、この15の集落に買い物について困窮する人が生じ、これらの人々をどのように支援していくのかが問われるであろう。

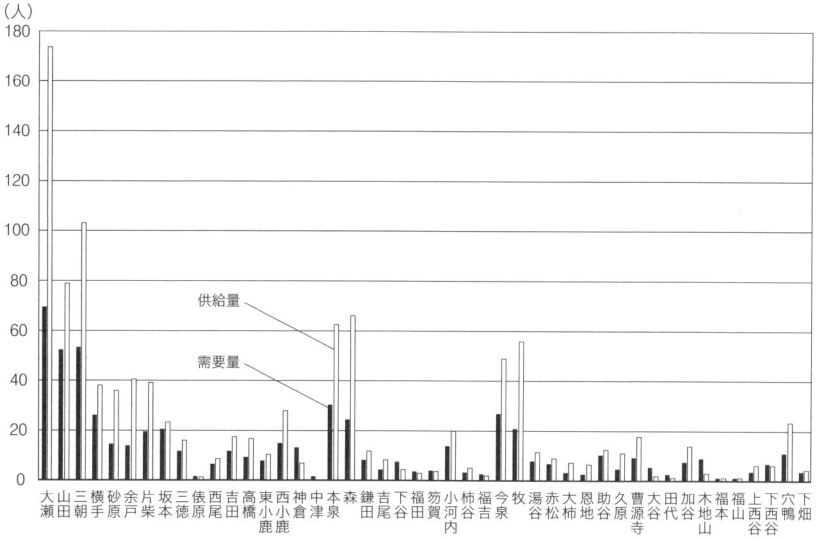

図３　将来における助力の需要量と供給量（買い物）

4 広域的な相互扶助の実現可能性

(1)「広域的な相互扶助」とその可能性

単一の集落内での相互扶助では困窮する人々に支援を差し伸べることができない場合が現在においても生じており（図1）、また、将来においても少なからずの集落でそのような事態が発生する（図3）。ただ、図3にあるように、供給量が需要量よりも上回っている集落が多くあるのも事実である。

そこで考えられるのが、複数の集落の連携に基づく広域的な相互扶助の仕組みを構築することである。つまり、単一の集落内で相互扶助のバランスがとれないのであれば、広域的に供給量を結集して、単一の集落において超過する需要量をカバーしようという発想である。

この連携については、これまでにも様々な指摘がなされている。例えば、生活圏における住民主体による地域機能の維持、活性化のあり方を検討するうえで広域的な組織の実態を取り上げた国土交通省[3]や、地縁組織や目的組織などと連携した複数の主体による公共的な事業やサービスを展開する組織の必要性を述べた中国地方中山間地域振興協議会[4]などがある。また、すでにこのような取り組みを先行して実施している事例もあり、例えば、他地区住民による葬祭（葬式）ボランティア制度[5]、単身高齢者の雪下ろしなどの助力制度[6]、自治公民館や青年団、消防団の広域化[6]、集落の連携・統合[7]などが見られる。

広域的な相互扶助の仕組みを機能させるにはいくつかの課題がある。その一つが、集落を超えて助力を差し伸べる人を十分に確保できるかということである。自分と同じ集落に住んでいる人には助力を提供できる人であっても、集落を超えてとなると、同様に提供できる保証は必ずしもない。実際、上記の調査では、どの集落かにこだわらず助力を提供できると回答した人の割合は、65歳以上の人々において鳥獣対策で7.5%、買い物で3.3%、通院で13.2%であった。

この割合を用いて需給量を計算してみると、買い物については広域的な相互扶助を行っても15の集落で、困窮する人々を助けるのに十分な供給量が確保できない。買い物については、割合が10%ほどの水準になることが必要であることが計算で確かめることができる。これに対して、鳥獣対策や通院については広域的な相互扶助でうまく問題は解決できる。広域的な相互扶助は困窮する人に助力を行きとどける可能性を高める方策であることに間違いはないが、集落を超えた助力の供給量を十分に確保することが一つの課題となろう。

また、集落を超えて助力を差し伸べようという人が十分にいるにしても、連携を結ぶ当事者の集落においては、具体的にどの集落の間で連携を結べばよいのかを判断し、その集落と協議しなければならないという問題もある。安易に近くの集落と連携しても、その集落は何らかの理由で、集落を超えて依頼した集落に助力を十分に提供できないかもしれない。

(2) 集落間での連携の姿

そこで、集落を超えて助力を差し伸べうる人がどれだけいる場合にどのような連携が有効かを分析してみよう。その際、助力を提供する人と受ける人の距離が小さくなるような連携が有効と考えた。その理由は以下による。買い物に代表されるように、助力を提供する人はそれを受ける人に会わなければならない。その場合、助力を提供する人には移動時間や交通事故リスクといった負担を強いることになり、その大きさは距離に対して増大する。さらに、長い移動を伴って遠方の集落まで出向くということは、見知らぬ人同士が接触する可能性を高め、助力を提供する側も受ける側も抵抗感や気兼ねを覚えるであろう。

詳細な計算手順については文献[2]に譲るとして、以下では結果のみ示そう。引き続き、活動としては買い物を取り上げる。図4、5はどことどの集落が連携を結ぶ場合が三朝町全体にとってもっとも効果的かを表しており、図4、5ではそれぞれどの集落かにこだわらず助力を提供できる人の割合が10、30%の場合である。アンケート調査に基づくと集落を超えて助力を差し伸べうる人の割合は3.3%であることから、実情にもっとも近い連携の姿は図4

である。

まずは図４を見てみよう。この場合、助力を提供する人が比較的遠方まで出向かなければならない。このため、集落間で連携を結ぶにしても、縁のない集落と協議を経なければならないため、自治体が間に入った仕組みがない

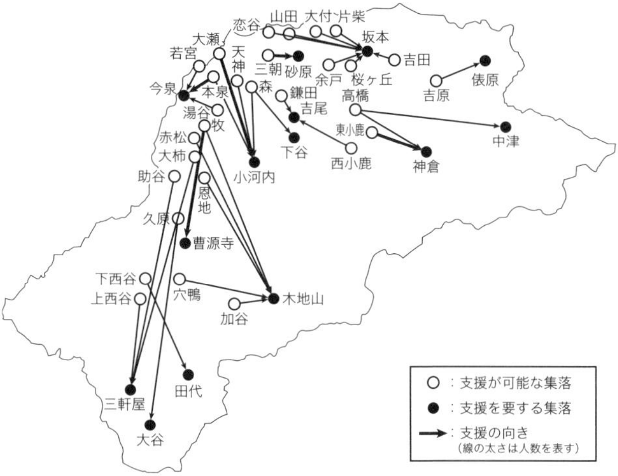

図４　集落間の連携（どの集落かにこだわらず助力を提供できる人の割合：10%）

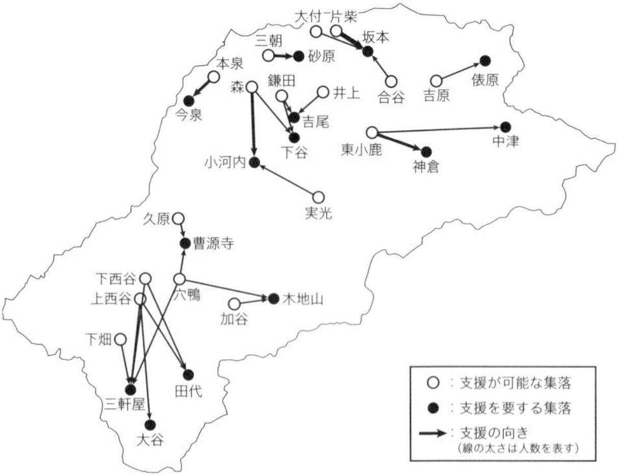

図５　集落間の連携（どの集落かにこだわらず助力を提供できる人の割合：30%）

と連携の実現可能性は低いと考えられる。しかし、割合が30%の場合、連携の姿も異なってくる。この場合（図5）は、近隣の集落のみの広域的な相互扶助で需給がバランスする。この場合は、自治体が間に入らずとも、集落間での協議に委ねて連携が実現する見込みは高い。

5 広域的な相互扶助が機能するためには

過疎化という現象は、空間的な面積当たりの人数が少なくなることである。よって、ある特定の場所で一定の人数を確保する必要がある活動を想定した場合、「その人数を集めるための空間的な範囲が増大する現象」ととらえることができる。相互扶助は、ある特定の場所で困っている人を助けるために一定の人数を投入する営みであることから、広域的な相互扶助への展開は過疎化に適応するための一つの方向である。しかし、それを機能させるには様々な課題があることは上にも述べたとおりではあるが、最後にそれらを再確認しておきたい。

一つは、助力を提供できる人の確保である。団塊の世代の退職などにより、当面、物理的に助力を提供できる人が増える可能性がないことはない。しかし、集落・地域に対する協力意識なしには助力の提供は期待できないであろう。そのような意識を涵養するためにはまず、集落・地域の客観的な将来像を知り、さらには、近い将来には自身も助力を要する可能性があり、相互扶助的な仕組みが不可欠であることを住民に理解してもらうことが必要である。また、助力を提供する人は集落の住民に限る必要は必ずしもなく、例えば地域の中高校生が教育の一環で仕組みに加わるなど、多様な人々の参加があってもよいであろう。

二つめは広域的な相互扶助の運営体制である。集落内の相互扶助には確固たる体制というものがなくてもよかったが、他の集落と連携するにはルールの制定や作業の調整主体・組織が必要となる。このような組織を集落で自発的に形成していくのはなかなか難しいであろう。このため、自治体が広域的な連携体制の構築支援を行い、集落と二人三脚で地道に様々な活動の実績を重ねていくというアプローチが現実的であろう。住民による住民のための相互扶助ではあるが、自治体の調整・検討支援能力は今よりも問われていくであろう。

【参考文献】

1） 谷本圭志、垣田智美（2008）：地域力の把握による集落診断手法の開発—生活機能の需給バランスの予測、平成 19 年度 持続的過疎社会形成研究プロジェクト研究報告書、鳥取大学、pp. 122-129
2） 谷本圭志、品川真樹（2010）：生活支援の需給バランスに基づいた広域的な相互扶助システムの検討手法、社会技術研究論文集 7、pp. 139-151
3） 国土交通省（2009）：『新たな結』による地域の活性化報告書
4） 中国地方中山間地域振興協議会（2007）：平成 18 年度共同研究 中山間地域周辺部における限界集落出現の現状把握と持続可能な地域運営の戦略・モデル構築
5） 財団法人農村開発企画委員会（2006）：平成 17 年度 限界集落における集落機能の実態等に関する調査報告書
6） 財団法人農村開発企画委員会（2007）：平成 18 年度 限界集落における集落機能の実態等に関する調査報告書
7） 山浦陽一（2008）：中山間地域の地域資源管理体制の再編、農業研究 第 21 号、pp. 227-248

1・2 森林価値の変遷と荒廃する森林のゆくえ

片野洋平

1 過疎地域における森林の現状

森林[注1]の経済的価値の変遷によって、国内の森林をめぐる状況は大きく変わってきた。1960年代以降の木材輸入自由化による外材と国産材間の価格競争の結果、1970年代後半より森林の経済的価値は下降し現在に至っている。価値の低下に伴い、林業に従事する者の数も急激に減少している。更に、人口減少が著しい過疎地では、より深刻な人手不足が問題となっている。これにより、今から30～50年前に全国で盛んに植林された人工林が伐期を迎えるにもかかわらず、従事者があまりにも少ないという状況が生じつつある[1)]。こうした背景から、日本は世界的にみても有数の森林保有国でありながら、国内の森林が維持・管理がなされていない場合も多い。

しかし、森林は経済的価値だけではなく、様々な機能を有している。たとえば森林は二酸化炭素の吸収源としての機能を有している。間伐などの管理が不十分であると、二酸化炭素の吸収が十分でなくなる。その結果、排出権取引問題において我が国が期待する森林吸収源が不十分になると考えられる[2)]。また、森林は、災害を防ぐ機能を有している。近年毎年のように発生する豪雨による自然災害は、森林の荒廃と無縁ではない。手入れがなされない森林は、土砂災害防止機能や土壌保全機能が失われ、自然災害を誘発させる可能性を高める[3)]。さらに森林は、生物多様性を維持する機能を有しているといわれている。河川の上流部の森林環境は、下流部の生態系に影響を及ぼすため、上流域の森林環境が適切に維持されなければ、その結果、土砂の流失と共に河川が汚染され、十分な栄養物質を河川や海洋の生物に提供できなくなる可能性が生じる[4)]。

過疎地域では従事者が不足することで、こうした森林の多面的機能も損なわれつつある。

2 森林への関心の喪失

森林の経済的価値が低下した結果、林業が衰退し、林業従事者が減った。その結果、森林所有者のうち、零細な小面積所有者の森林への（経済的）関心が急速に失われている。一般に森林は、複数の世代をまたいだ長い年月にわたって管理されることが多い。このため、世代間による森林情報の継承が必要である。しかし、森林情報の継承というのは必ずしも簡単なものではない。世代間による森林情報の継承とは、単に所有権の移転（所有権移転登記）だけではなく、親が子と共に現場を歩き土地の境界を教えるなど、実践知識の継承という現場レベルでの引き継ぎが必要である。森林への関心が失われつつある今、実践知識の継承が行われないケースが懸念される。

では、なぜ、親と子が共に現場を歩き他者と自らの土地の間の境界を確認するような実践知識の継承が必要なのであろうか。その理由は、森林情報が記載されている地図上の情報が不正確であるからである。森林所有の境界は、多くの場合、公的機関（法務局の登記所）により「公図」として保存されている。しかしこの公図は、明治時代の地租改正に伴い庶民を中心に作成されたもので、所有者間で共有される真の境界とかけ離れたものが多く、不正確なものが多い。その理由は三つあるといわれている。第一に、当時の人々は課税を避けるために土地の面積を少なく申告する傾向にあったからである（そのため、人々が所有する森林の面積は公図上に小さめに記載されることが多かった）。第二に、単純に当時の測量技術レベルが未熟であったからである。第三に、地図上に各人の所有図をつないで描いていくという方法をとったため、小さな誤差が大きな誤差につながっていった可能性があったからである[5)]。

これまで多くのフィールド調査から筆者が得た経験に基づけば、所有者間で共有される真の境界は、地元の所有者が、頻繁に森林を歩くことで得られていた。所有権だけ移転しても、こうした実践知識がなければ、自分が所有する森林の場所が分からないという事態が生じる。過疎地域では、都市に移住する者も多いが、この先、実践知識の継承は適切に継承されていくのであろうか。所有者の意識は弱まり、管理行動に変化が現れるのではなかろうか。以下では、鳥取県日南町のフィールド調査に基づいて、この点について掘り下げていこう。

3 森林の実態と所有の意識——日南町におけるフィールド調査から

(1) フィールド調査の概要

鳥取県日南町は鳥取県の南西部に位置する自治体である。1888 年には 10 ヵ村あったが、その後何度かの合併により現在に至っている。同町の面積は広く、鳥取県の約 1 ／ 10 をカバーする（340.87km^2）。同町の面積の約 9 割は森林である。町内の集落は、広い森林の中に点在し、森林を取り囲むように走る道路により、点と線でつながっているイメージである。人口や高齢化率については、序で紹介のとおりである。

同町には七つの地区があり、それぞれの地区には、三つから七つの地域が存在する。それぞれの地域には自治会が存在する。各地域（自治会）の中にはさらに小さいまとまり集落（班）が存在する。以下で紹介するのは、一つのある地域（以下では、Y 地域と称する）である。Y 地域は人口 100 人以下であり、約 30 の世帯からなる。日南町の全地域（自治会）の平均人口（156 人）と比べると、人口が少ない地域である。Y 地域の高齢化率は 60%を超えており、平均年齢は 65 歳を超えている。高校生以下の子がいる世帯は数軒に留まる。Y 地域の自治会は、四つの班（集落）からなる。これを、Y1、Y2、Y3、Y4 と呼ぶ。地理的にもっとも平坦な Y1、Y2 には十数軒の住居が存在するが、Y1、Y2 を中心に Y3、Y4 には数軒の住居しか存在しない。

これらの集落を対象に、インタビュー調査を実施した。インタビューは、項目化された森林に関する質問とオープンな質問からなる半構造化インタビューの手法を用いた。森林に関する質問としては、個人所有の森林と共有林の両方において、管理の実態、森林の境界、相続、森林への思い、今後の方向性などとした。その他、住民間のつながりのあり方や、くらし、仕事や家族構成など、基本属性に関することもあわせて把握した。オープンな質問に関しては、その都度会話が進む方向に任せて聞き取りをした。調査の対象者としては、森林にもっとも詳しい方とし、Y1から4世帯、Y2から2世帯、Y3から1世帯、Y4から1世帯分のインタビューデータを取得した。一世帯当たりの調査時間は2〜3時間であった。本調査は2011年11月より断続的に行われ、現在も進行中のものである（2012年3月現在）。以下では、得られた個々のデータを集約し、本地域での共通的・一般的な実態を整理しよう。なお、上述の8世帯以外にも日南町農林課ならびに企画課、鳥取県庁の日野総合事務所などによるデータもあわせて以下の議論に適宜反映させる。

(2) 人々の暮らし

Y地域の住民の現在の所得確保は、基本的には中山間地域で特徴的な、「半農半X」という形で成り立っている[6)]。Xに入るのは、農協、役場、郵便局、林業組合など、公的要素の強い仕事が多い。現在の住民のほとんどが、いわゆるXから給与を得る生活を引退し、祖先から引き継いだ農業を主として暮らしている。ほとんどの家では、祖先から受け継いだ田畑を所有し、米や野菜を作っている。また、祖先から森林を引き継ぐ家も多い。田畑の規模は各戸によって異なるが、米や野菜を売って生計が成り立つほどの家はないという。インタビューでは、米の値段が安すぎる、労力に見合わない、仕方なくやっている、といった声をよく聞いた。機械を使って米を作るようになってから、機械の購入、維持、修理などに相当の費用がかかるという。多くの人々は、中山間地域等直接支払制度や各種補助金などを利用して、細々と農業を続けている。また、ほとんどの方は森林を所有するが、所有する森林の経営のみで生計を立てている者はいない。

(3) 人々の所有意識

住民の多くは先祖から引き継いだ森林、田畑などを所有する。しかし、この地域の森林は雑木林が多く、かつては雑木を炭にして収入にしていたようだが、現在では、収入に直結しない場合が多い。他方で、Y地域でも一部の森林ではスギやヒノキなどの一般的な植林・造林も行われている。以下では、所有のあり方、森林の種類別に、「個人所有の人工林」「個人所有の雑木林」「共有の人工林」「共有の雑木林」の順にみていくことにする。

「個人所有の人工林」については、最低限の管理がなされている。登記も移転され、境界もある程度分かっている場合が多い。Y地域では、少数派である比較的大きな森林を所有する家と、多数派である小さな森林を所有する家がある。比較的大きな森林を所有する家では枝打ちや間伐などの管理を行う傾向にあるが、小さな森林を所有する家では、大きな森林所有者に比べ管理が十分ではない傾向にあると思われる。現在の市況価格によれば、スギやヒノキを切っても、運送費などで相殺され、ほとんど経済的利益にならないという。Y地域は土地の性格上、植林には向いていないため、大小にかかわらず所有者の森林に対する期待は小さいといえる。

「個人所有の雑木林」の場合、個人所有の人工林に比べ、森林に対する期待はさらに減り、管理の実践もさらに減る。登記の移転と境界への理解については、できている家とできていない家がある。管理についても、雑木林については様々な意見が存在する。30〜50年に一度くらいは切って売った方がいいという意見や、このまま放っておくのがよいという意見や、よく分からないという意見まで様々である。現在では、雑木林の場合、切り出したとしても、薪ストーブや暖炉の薪として販売するくらいしか用途がない。また、その薪としての経済的価値もそれほど高くないという。雑木林は、人工林よりもさらに経済的価値が低いため、個人の雑木林所有者は、個人の人工林所有者に比べ、さらに管理する動機が減っているのが現状である。

Y地域には共同で使用する共有林も存在する。集落の成員であれば、誰でも牛の餌や薪を採ってもよいとされる森林であり、いわゆる入会林野である。この共有林について、共有の人工林と共有の雑木林では管理のあり方が異なる。

「共有の人工林」の場合、Y1、Y2では、その人工林をどうするかを話し合う会合が、年に一度準備されている。そこで、共同所有の森林について議論が交わされ、共同で、間伐や枝打ち、下草を刈るなどの作業も行われるという。しかし、Y3、Y4では、共同で管理する人工林が少ない、あるいはないため、共有の人工林に対する定期的な集まりはない。

「共有の雑木林」の場合、住民の関心はほとんどないといってよい。公図をもとにそれぞれが所有する共有の雑木林を見てもらったが、境界はよく分からないと、また、自分がその場所を所有しているかどうかも分からない、という回答がほとんどであった。公図における登記簿においても、すでに他界した人々の名前や都市へ移住した人々の名前があり、登記の移転もほとんど行われていない状況である。

すでに指摘したように、現在の市況価格によれば、この地域の森林を売ってもほとんど経済的利益にはならない。しかし、以上のように、Y地域の場合、かつては取引がなされた少しでも経済的価値が認められる可能性のあるスギやヒノキなどの個人所有の森林（人工林）であれば、面積の大小を問わず、何らかのインセンティブが生じる（あるいはかつて生じていた）ため、最低限の所有意識はあり、最低限の監視や管理がなされている。これは共有の人工林にも当てはまる。しかし、個人所有の森林でも、雑木林のように、現在では経済的価値がほとんどない場合は、面積の大小を問わず、所有の意識は低く、監視や管理はできていない（あるいは、しなくてもよいという考えもある）。さらに、共有の雑木林の場合、所有者にとって、関心はかなり薄く、ほとんど監視や管理はできていないことが分かる。

4 不在村地主の問題

事態を複雑化させているのは不在村地主の問題であるといわれている。森林の所有権を有する者が集落を離れて都市に居住するようになると、世代間による森林境界の実践知識の継承は難しくなる。Y地域では少ないが、日南町全体で見ると、かつて住んでいた故郷の、経済的価値の少ない森林の所有権を都市在住者がもっているケースも多くある。もちろん、離村した都市在住者が故郷の権利をもつこと自体が悪いことではない。しかし、離村した都市在住者は、様々な理由から、自らのもつ故郷の所有物に対して次第に関心を失い、管理も行わなくなる傾向が強いのが現実である。筆者の観察では、遠方の都市への移住者ほどこの傾向が強い。こうした、都市在住者の目の行き届かない所有物は、仮に次の世代の都市に住む子に登記の移転がなされたとしても、実践知識とセットで引き継がれることもなく、境界が分からなくなることが多い。その場合、管理もされなくなってしまう。

登記の移転がきちんとなされていないため、すでに問題となっている場合もある。たとえば、道路の拡張工事で森林を削る必要がある場合、行政側は所有者から許可を得なければならない。近年の町内における共有林の事例では、登記の移転がきちんとできていない結果、行政側は膨大な数の都市に住む（幽霊）権利者から許可を得る必要があったという。経済的価値の低い森林、とりわけ地元住民でも所有の認識が薄い共有林は、日本各地で同じような問題を抱えているであろう。

5 なぜ関心は失われたのか

これまでの調査の結果、個人で所有する森林の管理については、一定程度の管理や維持、あるいは、「何もしないが目をかける」状態にある一方、共同で所有する小規模な森林（共有山の小面積の共有林）のうち、雑木林への関心は著しく低く、ほとんど放置されている場合もあることが分かってきた。森林所有のうち、小規模の共有林は、境界が分からない、境界が分かっても所有者が他界しており分からない、所有者が分かっても村にはいないなど、すでにコモンズ論や農林、環境問題の先行研究などで指摘されてきたような様々な課題があることが分かった[7]。では、なぜ、森林への関心は失われたのであろうか。上記のフィールド調査をもとに整理してみよう。

最大の要因は、森林にほとんど経済的な価値がないことが考えられる。これは、個人所有の人工林、個人所有の雑木林、共同所有の人工林、共同所有の雑木林すべてに当てはまる。同地域の森林は人工林、雑木林ともに、日野川の源流を維持するために必要な重要な水源涵養機能を有し、多面的機能を有している。しかし、たとえ所有権を有していても、経済的価値が低ければ人々は関心を失ってしまう可能性がある。

第二に、世代間での共有が行われていないことが考えられる。かつては、子が森林、田畑、家などを継ぐことが当たり前であったが、今では必ずしもそういった認識が共有できていない。都市にいる息子や娘がいずれ帰ってくることを想像できないという年配の方の話を、インタビューでよく耳にした。Y地域では、現在30代、40代の現役世代の息子や娘の多くは都市に在住し働いている。親世代と子世代が離れて暮らしている結果、山を歩き、土地の境界を知るという実践知識の親子間継承はうまくいっていない場合もある。他の事例では、仮に息子世代が帰ってきたとしても、実践知識の継承が親子間でうまくできなかったため、境界までは分からないというケースがよくある。

第三に、リーダーシップをとるものがいないということが考えられる。インタビューの中では、様々な問題に対して、「誰かが音頭をとってくれれば話に乗る」という話を聞いている。しかし、高齢化が進み、若者が減っているため、コミュニティを維持するための絶対的な人数や世代間バランスが欠けており、リーダーシップをとる者がいないのが実態である。その結果、森林の問題も含め、様々な問題に対して、自律的な住民による対処が難しくなっている。

第四に、所有者間の意思疎通の場が減っていることが考えられる。たとえば、Y地域の一部の集落では、毎年、共有林について話し合う場が設けられている。しかし、他の集落ではこうした意思疎通の場が少ないようだ。何らかのタイミングで話し合いの機会があれば、わざわざ意思疎通の場を設ける必要はないが、こうした場がなければ、ますます関心が弱まっていく可能性がある。これはコミュニティ機能の弱体化とも関連する。

第五に、気づきのタイミングがない、ということも考えられる。Y地域の森林の多くは水源涵養保安林に指定されており、固定資産税の支払いが免除されている。また、経済的価値が低ければ、固定資産税を支払う必要がない。

住民によれば、自分が土地をもつという感覚は、年に一度税金を支払うことによって身につくこともあるようだ。したがって、非課税のためこうした税の手続きがなければ、年に一度自らの土地を確認することはない。住民にとって非課税はありがたいことだと思うが、この結果、住民の無関心が助長されるのであれば残念なことである。

6 森林が管理されるために

これまでみてきたように、本研究の対象とする過疎地域では、過疎化と共に森林の管理が行き届かなくなってきている。過疎化は人々の生活自体に変化をもたらすだけでなく、人々が生活の糧としてきた田や森林の様相にまで変化をもたらしている。こうした森林の荒廃は、本研究の対象となっていない過疎地域でもみられるはずであり、森林の多面的機能に及ぼす影響は大きい。

森林の価値に関する一般的な社会的認識は、単なる経済的価値に加えて多面的価値の認識へと拡大している。しかし、本対象地域における所有者の森林に対する評価基準は、今なお木材としての森林の経済的価値に限定されている。これまでの観察では、森林に経済的価値が見込める場合、住民は森林を管理するインセンティブを見出しうるので、経済的価値の追求とその他の多面的機能の追求は両立する可能性がある。しかし、経済的価値が非常に低い場合、管理するインセンティブは失われ、住民は管理を放棄してしまう。森林にほとんど経済的価値がない、自分の所有する場所も分からないといった場合や、管理する気持ちもないが先祖からの土地だから譲りたくはない、しかし公共性が高いという場合には、行政による何らかのアクションが求められるだろう。つまり、住民の合意を得たうえで、必要に応じて、行政が手入れをすることができるような仕組みが必要である。強制力の強いものではなく、あくまでも住民の意思を尊重した、しなやかでコストのかからない取り決めや制度が地方自治体から生まれることを期待したい。たとえば日南町では、農林課をはじめとする多くの課で認識を共有し、不在村地主対策の一環として広く情報収集を行っている。また、同町のNPO法人フォレストアカデミージャパンでは、学識経験者や有識者を募り、研究会を立ち上げ、こうした事態に取り組んでいる。

もう一つの可能性は、境界の明確化という技術面に関することである。境界を明確化することにより、実践知識の世代間継承がより容易になる。近年では、GIS、GPSなどを用いた測量方法が進み、公図とのずれを修正する事業が盛んに行われている。境界の分かる人々が森林を歩けるうちに、こうした事業を進めることで、所有の形態が明らかになる。所有の実態が分かることと管理をすることは別問題だが、実践知識の世代間継承が難しい今、このような技術を用いて情報を集約し、所有権を明確化することは現実的な方策であるといえる。

【注釈】

[1] ここでは、地元では、「山林」あるいは単に「山」と呼ばれるものも、「森林」という用語で統一する。森林法では、「森林」は「山林」を包有し、木竹が集団的に生育している土地を示す語として使用されている。

【参考文献】

1) 永田信（2008）：世界と日本の森林・林業、遠藤日雄編；現代森林政策学、日本林業調査会、pp.21-31
2) 財団法人農林統計協会（2011）：平成23年版 森林・林業白書
3) 恩田裕一編（2008）：人工林荒廃と水・土砂流出の実態、岩波書店
4) 吉武孝（2003）：森林の多面的機能解説シリーズ 第五回 沿岸生態系：森林の魚つき機能、森林総合研究所所報、No. 22・2003-1、(http://www.ffpri.affrc.go.jp/shoho/n22-03/022-3.htm)（2012年3月1日参照）
5) 藤本猛監修、全林協（一般社団法人全国林業改良普及協会）著：森林所有者のための初級講座　所有森林の境界確認、（全林協ホームページ　http://www.ringyou.or.jp/learn/01.html）（2012年3月1日参照）
6) 国土交通省国土計画局（2009）：過疎集落研究会報告書
7) 三俣学、室田武、森元早苗（2008）：コモンズ研究のフロンティア―山野海川の共的世界、東京大学出版会

1・3　公共交通の必要性とその限界

谷本圭志

1　高齢社会における公共交通づくりの視点

路線バスや鉄道などの公共交通サービスは、高齢者に対して買い物や通院などの基礎的な活動の機会を保障する役割を担っている。今後は高齢化が一層進行し、高齢者にとって公共交通サービスの重要性は高くなっていくものと考えられる。実際に、多くの市町村では、公共交通サービスの見直し、再編成がおこなわれている。しかしながらその一方で、公共交通は利用しづらいサービスとの声も依然として多く、家族や他人による送迎に頼る高齢者も少なくない。

公共交通サービスの利用を阻害する要因のいくつかは、時刻表や路線、料金があらかじめ決まっているという公共交通の特性に起因している。具体的には、待ち時間や運行時間帯といった時間的な制約に伴う要因、行きたい場所に行けないといった空間的な要因、それに加えて運賃が高いといった経済的な要因が考えられる。これらは必ずしも高齢者にとっての固有の阻害要因ではないが、従来よく耳にする要因である。しかし、これらが必ずしも要因のすべてではない。とりわけ高齢者にとっては、これら以外にも様々な阻害要因がありうる。

高齢者には様々な態様の人がいる。序で見たように、高齢者の身体能力は人によって様々であり、ほとんどの活動を自立的に実行できる人もいれば、他人の支援なしには活動が困難である人もいる。そのなかでも身体能力が低い人にとっては、上記の時間的、経済的な要因より、身体的な負担に起因する要因が支配的である可能性が高い。したがって、平均的な高齢者像を想定するのではなく、どのような身体能力の高齢者が公共交通サービスのどこに阻害を感じているかを把握し、それに基づいてサービスの設計や改善を図ることが高齢社会では重要となってくるであろう。

2 公共交通の利用を阻害する要因

(1) 調査の概要

それでは実際に、どのような身体能力をもつ高齢者が何を阻害要因と感じているのであろうか。その点を明らかにするための調査が鳥取県琴浦（ことうら）町でなされている。琴浦町は、人口1万8,531人、高齢化率31.1%（平成22年国勢調査）の町である。2011年9月に、公共交通のみならず住民の生活ニーズを広く把握するために調査が実施され、その調査項目の中に公共交通に関連する設問がいくつか設けられていた。アンケートの対象者は琴浦町内の65歳以上の住民であり、その住民から1,000人を無作為に抽出し、郵送配布した。意図的に要介護認定者を対象から除外してはいないが、アンケートを返送で

表1　アンケートの設問内容（日常生活動作等、公共交通について）

【設問1】日常生活動作等に関する設問：自分だけでは活動が大変だと感じるものすべてに ○をつけてください。（複数回答可）

1. 風呂に入る　2. 歩く（居間から玄関口）　3. 階段を2、3段上がる
4. 電話をかける　5. 日用品の買い物をする
6. バスや汽車に乗って外出する

【設問2】バス、鉄道の利用に関する設問：バス、鉄道の利用について、あなたが感じることすべてに○をつけてください。なお、バス、鉄道を利用しておられない方も回答してください。（複数回答可）

1. 待ち時間が長い　2. 行きたい時刻に便がない
3. 行きたい場所に行けない　4. 料金が高い
5. バス停・駅までが遠い　6. 乗り降りが大変
7. 小銭の支払いがおっくう　8. 乗車時間が長くて疲れる
9. 乗車中の体調の変調が心配
10. 荷物（買い物袋など）の運搬が大変
11. 整容（身だしなみ、化粧などの準備）が大変
12. 乗り過ごさないか心配　13. 他人との乗り合いがおっくう　14. その他

きるに十分な能力をもった住民が返送していることから、その程度の身体能力をもった住民が暗黙の対象である。以下の検討に用いることのできる有効回答数は464である。具体的な設問内容を表1に示す。

なお、設問1での回答の選択肢1～3はADL（日常生活動作：Activity of Daily Living）と呼ばれる動作であり、日常生活を送るために必要な基本動作である。また、選択肢4～6はIADL（日常生活関連動作：Instrumental Activity of Daily Living）と呼ばれる動作であり、道具や手段を用いた日常生活を送るための幾分複雑な動作である。IADLには「電話をかける」という動作も含まれているように、人々の運動機能のみならず認知機能についても着目している。これらの六つの選択肢は、秋山[1)]を参考とした。公共交通サービスの利用に際する阻害要因としては、設問2にある選択肢1～13が該当する。

(2) 高齢者の身体能力の計量化

以上の調査データを用いて、高齢者の身体能力別に何を阻害要因と感じているのかを分析するが、その際には、高齢者の身体能力を算出しておかなければならない。設問1における日常生活動作は身体能力そのものではなく、身体能力と連動する動作（つまり、身体能力が低下するとそれぞれの動作の実施が大変になる）である。このことを逆さに考えると、個々人がどの日常生活動作を大変と感じるかに着目して、その人の身体能力を推し量ることができる。

計算手法の詳細は文献[2)]に譲ることとして、ここではその結果のみを表2に示そう。表2は、設問1に示した六つの動作について、どの動作を大変だと感

表2　日常生活動作に基づく身体能力の得点化

日常生活動作／日常生活関連動作	身体能力の得点
① どの動作も大変だと感じない	0.47
②「日用品の買い物をする」ことのみ大変だと感じる	− 0.58
③「バスや汽車に乗って外出する」ことのみ大変だと感じる	− 0.59
④ ②と③の双方が大変だと感じる	− 0.94
⑤「階段を2、3段上がる」ことのみ大変だと感じる	− 0.64
⑥ どの動作も大変だと感じる	− 2.23

じる／感じない場合に、その人の身体能力の得点がどれほどかを例示したものである。なお、得点が高いほど身体能力も高い。例えば、どの動作も大変だと感じない人の身体能力は0.47であるが、バスや汽車に乗って外出することのみ大変だと感じる人は－0.59にまで得点が落ち込む。

(3) 身体能力と阻害要因

身体能力が違う人々で、設問2に示した13項目の公共交通の阻害要因の回答がどのように異なるのかを明らかにするために、アンケートデータのクロス集計を行った。その結果、図1を得た。ただし、表1の設問2の選択肢の略称を図で用いていることに留意されたい。

どの動作も大変と感じない層、すなわち、表2に示す身体能力の得点が0.47である層を身体能力が「良好」、一般に外出を伴う活動である設問1の番号5、6の活動を大変と感じる程度の層、すなわち、表2に示す①と④の間の得点をもつ層（－0.94～0.47）を身体能力が「やや低下」、それよりも身体能力の低い、すなわち、身体能力が－0.94より小さい層を身体能力が「低下」とし、これら3グループの回答の違いに着目する。

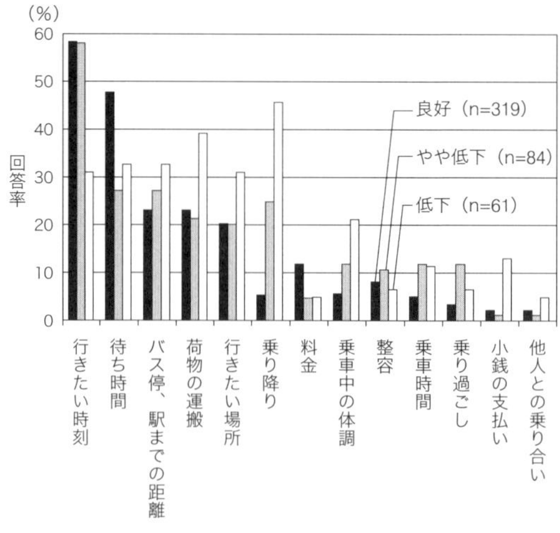

図1　身体能力別の阻害要因の回答率

※身体能力の3グループの（　）内の数字は回答数を示す

まずは、身体能力が「良好」の層に着目しよう。この層では、「行きたい時刻に便がない」「待ち時間が長い」といった時間的な制約に起因する阻害要因がその他の要因よりも圧倒的に回答率が高い。すなわち、他の要因に関する回答率が高々20%ほどであるのに対し、これらのそれは50%近くである。しかし、身体能力が低下すると、これらの回答率は必ずしも高くない。特に、身体能力が「低下」の層では、乗り降り、荷物の運搬という要因の方が時間的な制約に起因する要因よりも高い回答率となっている。加えて、バス停・駅までの距離に関する阻害要因もこれらに肉薄している。このことより、身体能力が低下すると、身体的な負担に起因する阻害要因が支配的になることが分かる。

また、身体的な負担に起因する要因以外においても、乗車中の体調の変調が心配という不安感に伴う要因、小銭の支払いがおっくうなどという手間に関する要因も身体能力が低下すると回答率が高くなることにも着目したい。なお、小銭の支払いについては、小銭を準備するのが手間ということのみならず、清算の際に手早く正確に小銭が取り出せるかという認知面での不安も伴うものと考えられる。このように、不安といった精神的な負担に起因する阻害要因についても、身体能力が低下すると大きな要因となる。

他人との乗り合いそのものは高い回答率を示さなかった。このことは、乗り合い型の交通システムそのものは、身体能力の低下に伴って大きな阻害要因になるものではないことを示している。ただし、一般のタクシーのような小型車両で運行する場合は、この結論が変わる可能性があることに留意を要する。

なお、料金に関する回答率がどのグループにおいてもそう高くはないが、調査対象地域では一律200円という安価で路線バスが運行されていることに影響を受けているものと思われる。したがって、ここでの結果が広く一般の地域に該当するかには疑問があることを付記しておく。

3 公共交通サービスの将来像

従来、公共交通サービスの利用に際する主な阻害要因は、待ち時間や運行時間帯などの時間的な要因、行きたい場所に行けないといった空間的な要因、それに加えて運賃が高いといった経済的な要因であった。このことは高齢社会においても少なくとも間違いではないが、それらよりも身体的な負担を強いる要因や身体能力の低下に伴う不安に起因する要因が支配的になることが分かった。

これらの阻害が少ない公共交通の姿とは一体どのようなものであろうか。乗り降りが容易であるといういわゆるバリアフリーが施されていることにこしたことはないが、それが無理でも乗降の介助ができる人がいることや、車両が来るまで自宅で待機できるサービスや、バス停から自宅まで荷物の運搬を手伝うサービスが必要である。また、小銭の支払いがなくなるICカードシステムが無理でも支払いを支援できる人がいることも重要だろう。つまり、乗客に寄り添うことができる人がいるサービスである。伝統的な公共交通サービスは「車両に乗ってから降りるまで」に配慮するサービスであるのに対して、高齢社会で求められるのは「自宅を出てから帰るまで」に配慮するサービスとも言えよう。

また、このようなサービスは例えば車掌の復活といったように、公共交通の事業者で対応することもできると考えられるが、例えばバス停から自宅までは自治会やNPOが乗客の支援をするといったように、事業者以外にもできることはある。また、事業者であっても単一の事業者で対応するのではなく、例えば荷物が比較的少ない往路はバス、荷物の運搬が想定される帰路はタクシーを使用して玄関まで運送するというパッケージサービスの提供なども考えられよう。

ところで、身体能力が低くなった人には福祉サービスで対応できるのではとの意見もありそうである。しかし、そのような二分法、つまり、身体能力の高低に応じて公共交通サービス／福祉サービスのいずれかを提供するという考えは必ずしも適切ではない。福祉サービスを受けるには要介護などの認定が必要になるが、人々の身体能力は「昨日までは認定なし、今日から認定あり」というように不連続に変わるのではなく、徐々に能力が低下する。

したがって、身体能力が良好でもなく、また認定の対象になるほど低くもないという人々も多く存在する。そのような人々にとって、公共交通サービスは以下の二点で重要なサービスである。一つは、認定の対象にならならない以上は福祉サービスが利用できないため、日常生活の活動の機会を保障する役割を担うことである。二つめは、身体能力が低くなっても公共交通を使って外出できる環境があれば、人々が外出することで身体能力の低下の予防を期待できる。このように、公共交通サービスは身体能力が低い人にとっての活動の機会を保障するのみならず、身体能力の低下を予防する手段という意味でも再生が待たれるサービスなのである。

4 公共交通サービスの限界とそれを補う連携

以上、高齢者にとって阻害の少ない公共交通サービスへ再生するための方向性について述べてきた。一方で、阻害の少ない公共交通サービスがあれば十分なのであろうか。1項の冒頭で述べたように、路線バスや鉄道などの公共交通サービスは、高齢者に対して買い物や通院などの基礎的な活動の機会を保障する役割を担っているが、公共交通サービスさえあれば十分に活動の機会を保障できるのであろうか。

この点に関連する設問が、琴浦町における調査にある（表3）。これらの設問では、様々な生活支援サービスについて、回答者は「ぜひ利用したい」「料金によっては利用したい」「利用しない」から一つを回答することになっている。設問3と4で合計19のサービスが取り上げており、その一つに「自宅から／自宅までの乗合外出送迎サービス」という公共交通サービスが含まれている。これらの19のサービスについての利用の意向を整理したものが図2である。図の横軸は「ぜひ利用したい」の回答率、縦軸は「料金によっては利用したい」の回答率である。したがって、右に位置するサービスほど確実

表3　アンケートの設問内容（生活支援サービスについて）

【設問3】生活支援サービスに関する設問：以下の生活支援サービスが、もしあった場合、あなたの利用の意向はどうですか。

1. カタログやテレビショッピングなどで食料品や日用品を購入し、宅配するサービス
2. 自宅近くで買い物できるサービス（移動販売や青空市場など）
3. 買い物品や貨物などを自宅や町内の指定の場所まで配送するサービス
4. カタログやテレビショッピングなどで医薬品を購入し、宅配するサービス
5. 自宅近くで医薬品が購入できるサービス（医薬品の移動販売）
6. 家事（調理や掃除など）を手伝うサービス
7. 弁当を配送するサービス
8. 除雪を手伝うサービス
9. 灯油の宅配サービス
10. 声かけ・安否確認のサービス
11. 自宅から／自宅までの乗合外出送迎サービス
12. 自家用車の運転を代行するサービス
13. 健康相談の出張サービス
14. 銀行の出張サービス

【設問4】総合窓口による生活支援サービスに関する設問：家屋、家電等の修繕・修理を依頼する総合窓口ができた場合（業者や店舗の斡旋や取次をする窓口ができた場合）、あなたの利用の意向はどうですか。

1. 家・水周りを修繕するサービス
2. 墓の管理を代行するサービス
3. 庭の手入れをするサービス
4. 電気製品の出張修理サービス
5. 自転車の出張修理サービス

なニーズがあるサービスであり、上に位置するほど不確かではあるもののニーズがあるサービスであることを意味する。なお、図中にはスペースの関係上、サービス名を略記していることに留意を要する。

この図によると、「自宅から／自宅までの乗合外出送迎サービス」という公共交通サービスは、図のほぼ中央に位置している。19のサービス全体からすれば、まずまずのニーズがあると言える。しかし、その右上に「自宅近くで買い物できるサービス」がある。それについての「ぜひ利用したい」「料金によっては利用したい」の回答率はともに公共交通サービスの倍ほどである。このように、ニーズの大きさからすれば、供給者が人々の自宅もしくはその近くに出向くという訪問型のサービスが望まれている。この点で、公共交通が高齢社会においては限界があるといえる。しかしながら、外出することには気分転換や健康維持・増進の意義もあるため、将来的には、公共交通とい

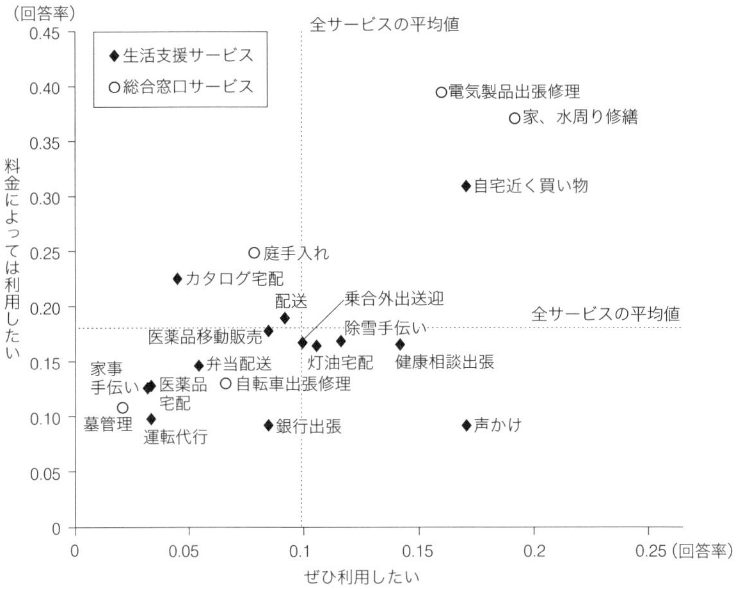

図 2　生活支援サービス、総合窓口サービスのニーズ

った外出を支援するサービスと、移動販売などの自宅近くで買い物できるサービスをうまく組み合わせて、生活を支援していくことが有効と考えられる。

ちなみに、「自宅近くで買い物できるサービス」に類似のサービスとして「カタログやテレビショッピングなどで食料品や日用品を購入し、宅配するサービス」があるが、そのニーズは必ずしも高くない。これは、カタログ等で購入する場合には、高齢者が様々な選択肢から商品を選ぶ作業が発生し、それを敬遠しているためと考えられる。実際、そのような傾向があることは地域の声として聞くことがある。3項において人に寄り添えるサービスの必要性を公共交通の文脈で述べたが、このことは訪問型のサービスについても同様であり、高齢者が買い物に困っていそうであれば声をかけることができるサービスが重要であるということは、どのサービスにも共通しているようである。

次いで図3に、ニーズの大きさがどのグループ間で違うのかを統計的に検定した結果を示そう。図は、例えば「声かけ・安否確認」「健康相談の出張」「電

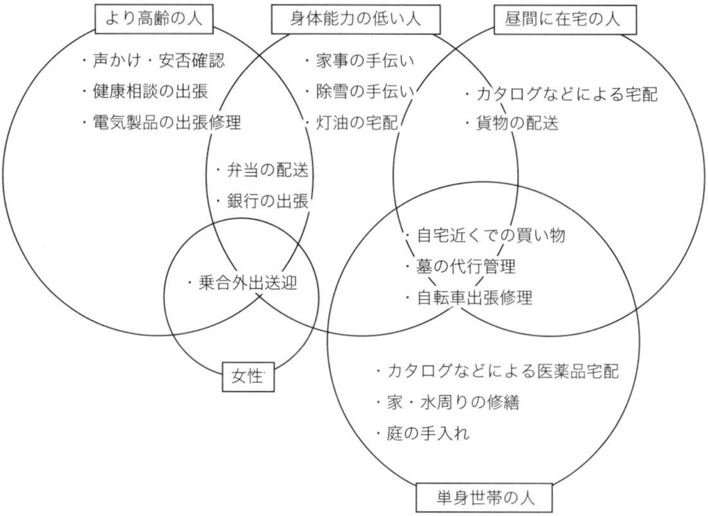

図3　グループ別にみた生活支援サービスのニーズ

気製品の出張修理」「弁当の配達」「銀行の出張」「乗合外出送迎」のニーズは、一般の人に比べてより高齢の人について高いことを表している。なお、「弁当の配達」「銀行の出張」は、身体能力の高低に関してもニーズの大きさが異なり、身体能力が低い人ほど大きい。同様に、「乗合外出送迎」のニーズは男性よりも女性が大きい。このように、個々人の境遇や状態が異なれば、サービスに対するニーズの大きさも異なる。

5 | 分野横断的な連携へ

以上の要点は、高齢社会になると、「サービスを供給するから必要な人はこちらまで来てください」というビジネスモデルだけではうまくいかないということである。公共交通についても同様で、「運びますのでバス停まで来てください」では限界があるということである。このため、これまではさほど注目されてこなかった訪問型のサービスにも着目し、包括的に生活を支援する視点が必要になる。また、表3の設問4にあるように、個々のサービスを個々の業者の窓口で受け付けるのではなく、総合窓口的な対応も重要になってこよう。

加えて、個々のサービスが独自で供給するのではなく、地域にどのような境遇・状態の人々がいるのかを把握したうえで、その状況に即したサービスの適正な分担・連携に基づいた供給が欠かせない。例えば、公共交通は交通分野、移動販売などの訪問型のサービスは商業分野であり、それらの連携が欠かせない。また、そもそも人々の身体能力などを把握しようとすれば、福祉分野との連携も欠かせない。公共交通も含めた生活支援は分野横断的な政策としての性格を強くもち、そのような展開が今後は大いに期待される。

【参考文献】
1) 秋山弘子（2010）：長寿時代の科学と社会の構想、科学、岩波書店
2) 豊田秀樹（2002）：項目反応理論［入門編］―テストと測定の科学、朝倉書店

1・4　高齢者の生きがいと健康に寄与する農林業

黒沢洋一・岡本幹三

1　過疎地域における高齢者と健康

わが国は高齢社会に突入しており、中でも過疎地域では高齢者の構成比が高く、日本の数十年先の社会像がすでに現れている。人々が高齢になると心身の機能が低下するが、これはやむを得ないことではあり、それに逆らうことはできない。であるからこそ、機能の低下を先延ばしし、長寿をよく生きるということが重要な視点となってくる。

それでは、どのような生き方が「よく生きる」ことにつながるのであろうか。このことのヒントが先進高齢社会である過疎地域での高齢者の暮らしにあるのではないかと考えられる。もっとも、どの過疎地域でも「よく生きる」という実態があるわけではなく、「よく生きる」ことが実践されている地域に着目することが必要であろう。そのような地域での暮らしの特性をうまく抽出することができれば、ややもすれば暗いイメージのある「高齢社会」に別の光が当てられることになると期待でき、高齢者の活力で高齢社会を支えるという可能性も広がるのではないかと考えられる。

以下ではまず、今の高齢者は昔と違い、ある時期までは多くの人が健康で元気であることに触れよう。そのうえで、鳥取県日南町における様々な健康調査に基づいて、その健康を継続させるための考えを実証的な分析結果を踏まえて紹介する。具体的には、農林業をつうじた高齢者の社会参加を実現することが、人々の健康の保持増進を可能にするだけでなく、さらには、社会の担い手としての高齢者の活躍も期待できることを述べる。

2 「若くなった」高齢者

厚生労働省の2010年度年簡易生命表に基づいた平均余命の推移を図1に示す。この図によると、例えば、65歳の女性の平均余命が1950年では15年ほどであったのに対して、2010年では25年程度まで向上している。ここで、2010年における75歳の女性の平均余命に着目しよう。1950年の65歳女性と同じ、15年ほどである。つまり、平均余命で見ると、2010年の75歳女性は1950年の65歳女性と同じ程度に健康である。この60年で10歳ほど若くなっ

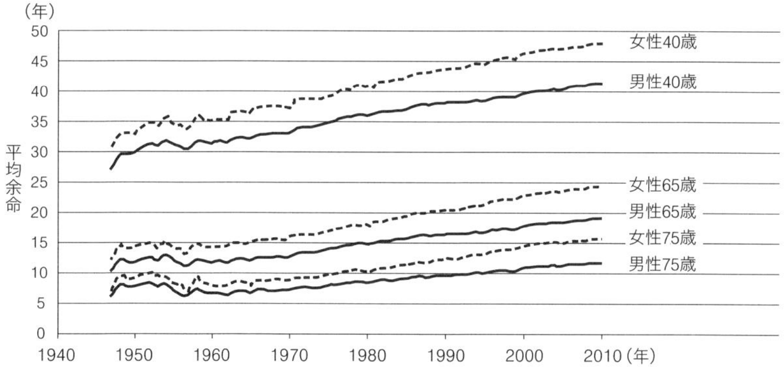

図1　平均余命の推移

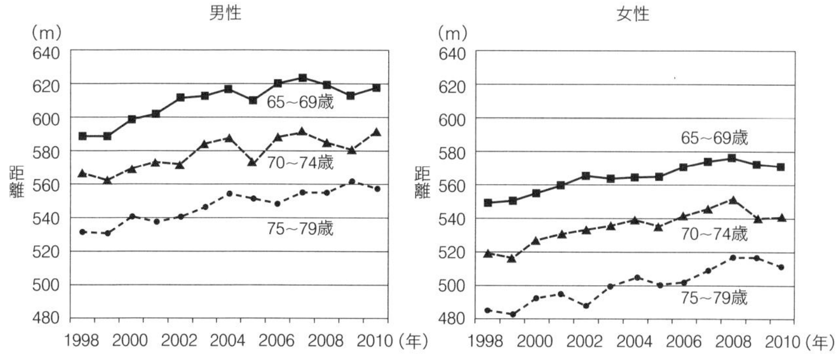

図2　体力･運動能力の推移（6分間歩行）

たとも言える。このように、人々が長寿を享受するようになったのは、衛生状態や栄養状態の改善があったことは言うまでもない。

一方、文部科学省が実施した2010年度体力・運動能力調査によると、高齢者の体力・運動能力は向上の傾向にある。図2は、6分間歩行における歩行距離の推移を表したものである。この図からは、2010年の70～74歳の男性の歩行距離は1998年の65～69歳のそれと同じ程度であり、ここ10年ほどで5歳ほど若くなったと言える。ただし、序で述べたように、75歳以上になれば多くの人にとって身体の衰えは避けがたいものになることも忘れてはならない。

3 農業と健康増進――地域産品づくりによる副産物

以上のように、確かに高齢者は若くなったのだが、現在、また、今後のすべての高齢者が「若い」ということではない。「若さ」は個々人の生活習慣などにも大きく依存する。どのような生活習慣が健康の増進に資するかについては、鳥取県日南町を対象として1989年から実施した「日南町における生活習慣病の予防」[1)] に興味深い示唆がある。

この調査では、生活習慣と健康に関する16年間にわたる長期的なフィールド調査[2)] が行われた。それによると、日南町における特産品であるトマトを摂取、または生産する人が健康的であるという結果を得た。野菜のうちトマト1品目のみが健康に有効であるということは想定できないため、トマトという産品を生産することに何らかの原因があるものと考えられた。そこで、トマトの生産作業と身体的な活動量ならびに精神心理的な健康（心の健康とも言えよう）について調べてみた。

まずは、トマトの生産作業と身体活動量についてである。日常生活での身体活動を記録できる媒体を準備し、それをトマト生産者（70歳代男性）と役場職員（30歳代男性）に典型的なある1日に装着してもらい、仕事における身体活動を比較した[3)]。その結果、図3に示す結果となった。なお、図の横軸は時刻、縦軸は総消費カロリーである。

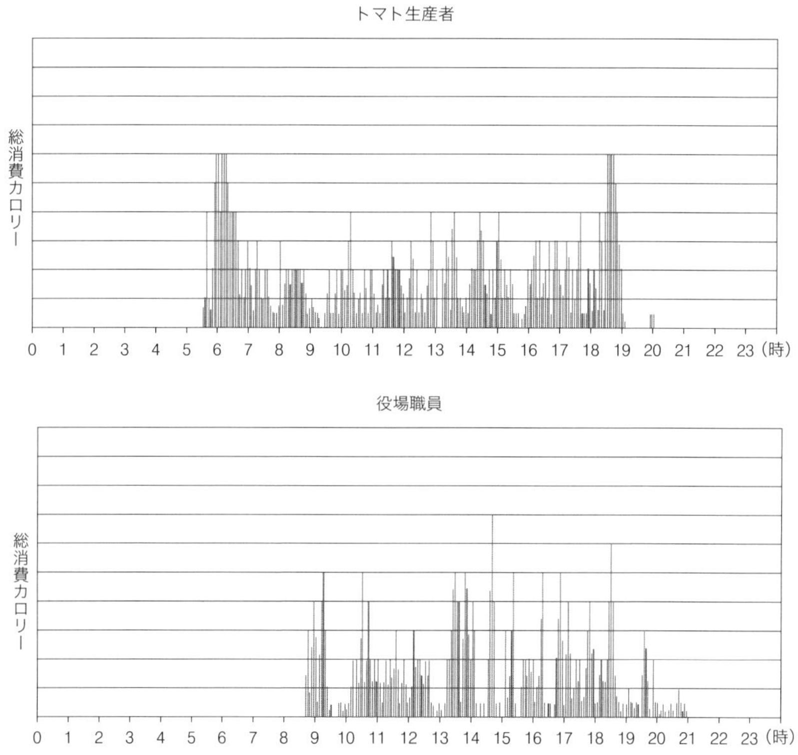

図３　１日の身体活動の記録

現代社会では身体活動を高めることが健康維持・増進に一役買うとされているが、トマト生産に従事する高齢者の１日の身体活動による総消費カロリーは、デスクワークが中心の役場職員のそれに比べて、図３に示すように明らかに高かった。

次いで、トマトの生産作業と心の健康についてである。トマトの生産において楽しいと感じる点をトマト農家を対象に調査した。その結果を図４に示す。トマト生産者は、トマトの成長や経済的利益において楽しみを感じる人が多かった。特に注目すべきは、トマトの成長に関する楽しみがいちばん多かったことである。これは、農業と「生きがい」の関連を端的に示していると考えられる。このように、トマトの生産は身体的にも、また、精神心理的にも健康に寄与しているものと考えられる。

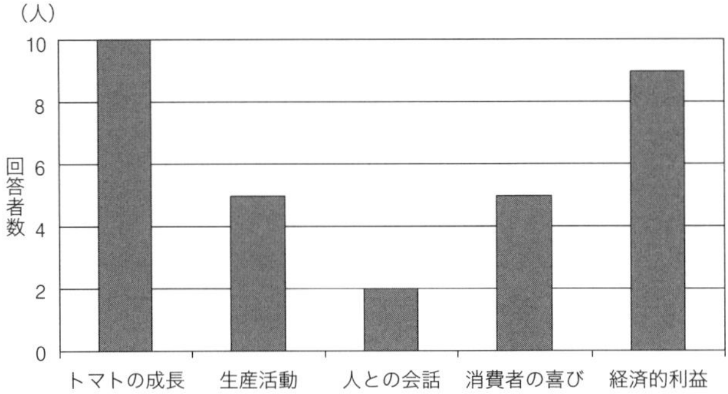

図４　トマトの生産において楽しいと感じる点

4　農林業の効用

(1) 長寿への影響

以上のことは、「トマト」という固有の産品の生産に限定される話ではなく、トマトを作る上で発生する作業が、身体活動や精神心理的影響の面においてよい影響を与えていると考えられる。このことから、より一般には、身体的にほどよい作業・運動の機会を与え、また、自身の貢献が農作物の育成・成長という目に見える形でフィードバックされるという農作業の特性が、身体活動や精神心理的な健康に影響し、ひいては長寿に寄与するのではと考えられる。そこで、この点を検証するために、職業別の生存率について分析を行った。日南町の 1989 年の調査時点の対象者（40 ～ 74 歳）の職業別（事務系勤務、農林業、自営その他、主婦、無職）分布は表１のとおりであった。ただし、趣味で行う家庭菜園は、農林業には含まれていない。なお、4 項におけるすべての分析は、表１に示す対象者によるものである。

男女とも 65 歳未満では事務系勤務者が多く、次いで男性では農林業、自営・その他が多かった。女性では主婦、自営・その他、農林業が多かった。65 歳以上では、無職が多くなるが、男性では農林業に従事する人も多かった。事務系勤務者が極端に少なくなり、無職の人が多くなるのは当然ではあるが、そのなかでも農林業は、高齢者が可能な限り現役で続けられる仕事であることがこのような実態からも分かる。

次いで、1989年の職業別の対象者のその後の約20年間の生存率をCOXの比例ハザードモデル[4)、注1]（年齢・喫煙習慣で補正）を用いて調べた。その結果を、図5に示す。

図5より、無職の人は壮年・高齢者いずれも他の職業に比較して寿命が短い傾向にあることが窺える。例えば、壮年の男性の場合、基準年から10年が

表1　1989年の調査時点の対象者（40～74歳）の職業別分布

	事務系勤務	農林業	自営・その他	主婦	無職	計
男性65歳未満	664	392	132	－	129	1,347
男性65歳以上	34	125	69	－	157	385
女性65歳未満	521	216	253	332	114	1,466
女性65歳以上	13	48	59	107	246	437

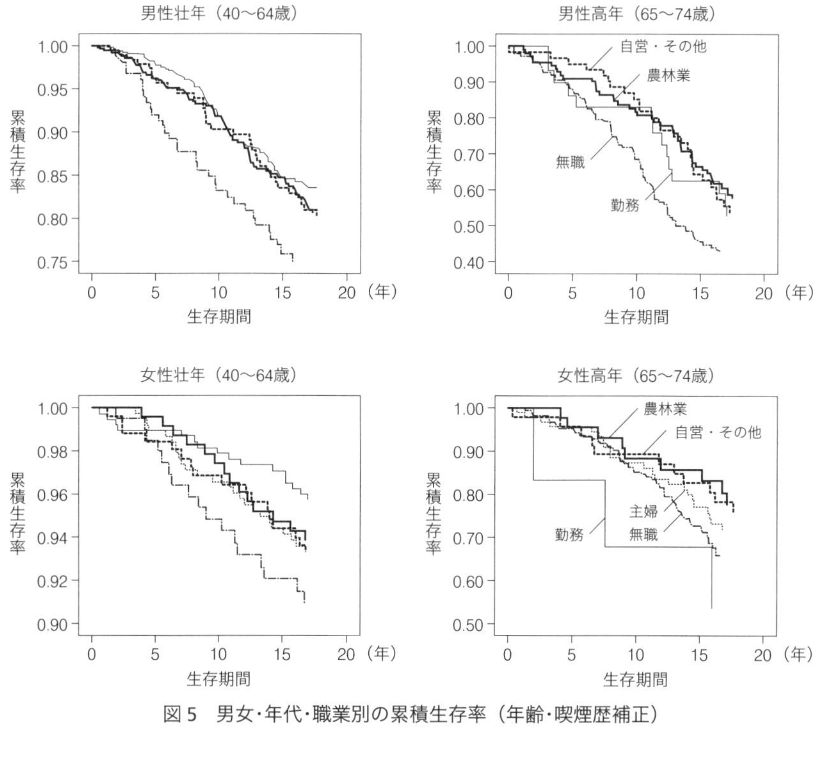

図5　男女・年代・職業別の累積生存率（年齢・喫煙歴補正）

経過した場合に生存している人々は、何らかの職をもっている人々で90%に近い割合であるのに対して、無職で82%ほどである。女性についても、男性ほどの差はないが、同様の傾向が見られる。

壮年期の勤務者は他の職業と比較して寿命が長い傾向にあるが、高齢の勤務者は寿命が長い傾向はない。なお、表1に示すように、事務系勤務に従事している高齢者数は男女ともに少ないため、その結果についてはあくまで参考の扱いにしていただきたい。農林業の従事者や自営・その他の人々は、他

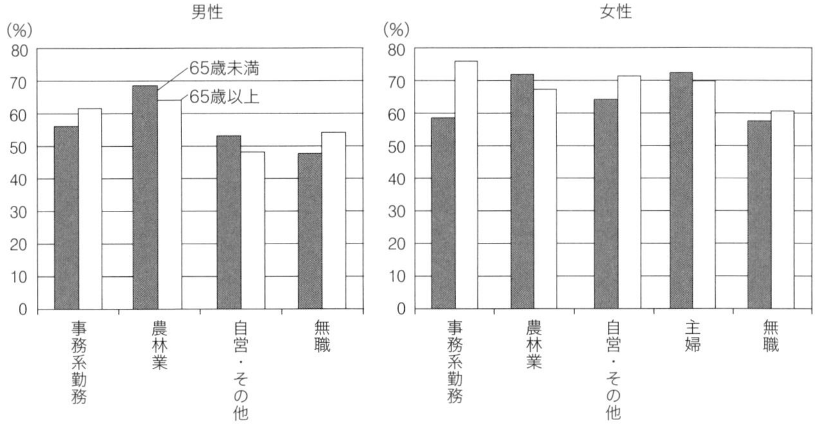

図6　1時間以上歩く人の割合

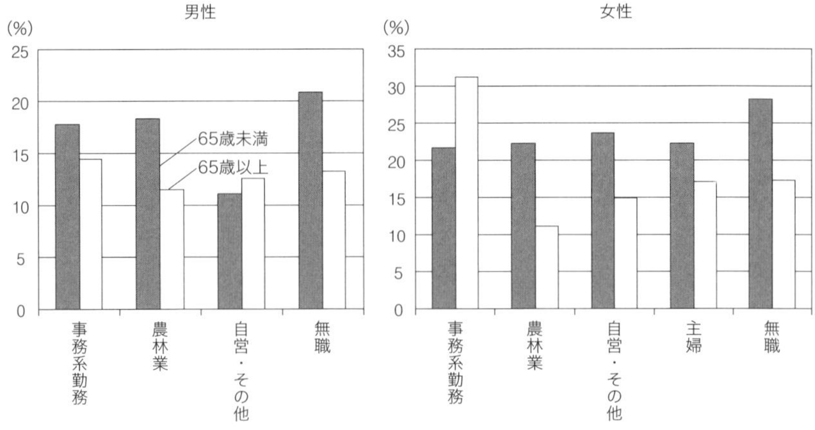

図7　肥満傾向のある人（Body Mass Indexが25以上）の割合

の職業に比較して寿命が長い傾向が見られる。これらの職業はいずれも自分で様々な選択・決定をし、その反応も目に見える形で現れる職業である。とりわけ、農林業は高齢者でも続続して行え、身体活動量が増し、精神心理的に「生きがい」などのよい影響をあたえると考えられる。

(2) 身体活動量および肥満への影響

年代・職業別（事務系勤務、農林業、主婦、無職、自営・その他）の1日1時間以上の歩行を行う人の割合を図6に、肥満傾向のある人の割合を図7に

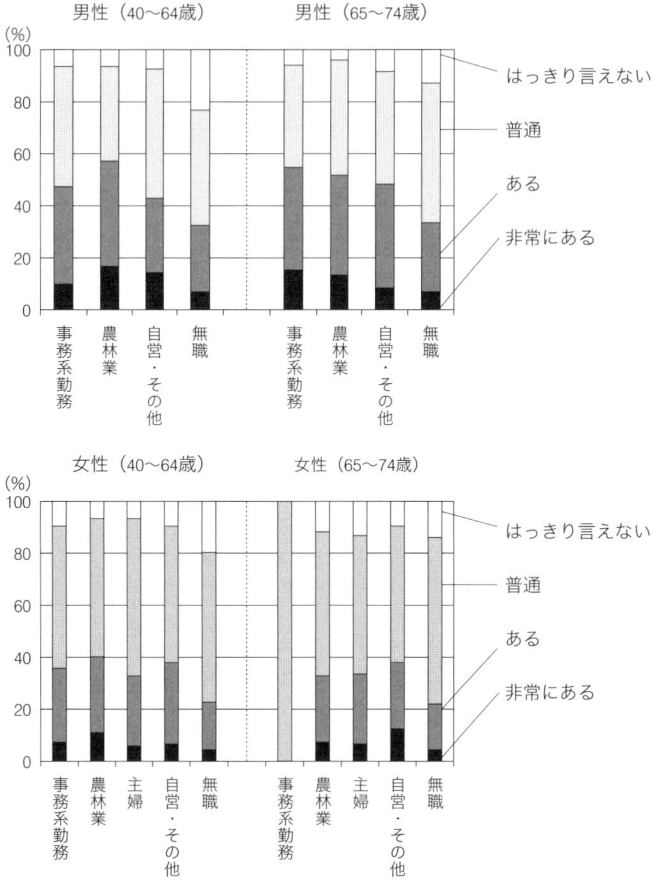

図8　職業別「生きがい」や「はり」を持っている人の割合

示す。男性では、歩行、肥満のいずれについても、高齢の農林業従事者は他の職業に比べて歩く人の割合が高く、肥満の人が少ない傾向が見られる。

(3) 心の健康への影響

「あなたは、『生きがい』や『はり』をもって生活をしておられますか」という設問を被験者に尋ねた。その結果を図8に示す。すると、男性農林業従事者は他の職業に比較して「生きがい」や「はり」をもっている人の割合が高い傾向が見られた。特に、無職の人と比較すると違いが明らかである。女性でついても65歳未満では、農林業従事者は他の職業に比較して「生きがい」や「はり」をもっている人の割合が高い傾向が見られる。高齢の女性では、自営・その他において「生きがい」や「はり」をもつ人が高い傾向がみられ、次いで、農林業と主婦がほぼ同じ割合であり、無職とつづく。

5 高齢社会における農林業の意義の再発見

日南町を中心とした生活習慣と健康に関する研究の中で、同町における特産品のトマトを生産するという生きがい、トマト作業に伴う身体活動量が人々の健康に寄与するのではないかという構想を得た。そこで、視点をさらに広げて、日南町の基幹産業である農林業が身体活動、精神心理面および健康への影響に関する分析を実証的に行なった。その結果、日南町の基盤産業である農林業は高齢者でも継続して行え、身体活動量が増し、精神心理的にも「生きがい」などのよい影響を与えることが分かった。これらを通じて、寿命の延長をもたらすことができると考えられる。高齢者では、社会的役割を担うこと、例えば仕事に従事することは「生きがい」として重要であることは指摘されている。その意味では、農林業とその他の職業を特に区別する必要はないのかもしれない。ただ、仕事の種類は地域の条件に依存し、中山間地域では高齢者の従事できる仕事としては農林業が中心となるであろうし、都市部では異なるであろう。「過疎地域の廃れゆく産業としての農林業」というとらえ方ではなく、「高齢化社会で奨励すべき産業としての農林業」という発想の転換が必要ではないだろうか。高齢化社会においては、高齢者の健康、「生きがい」が課題になっている。この観点から、高齢者の仕事（社会参加）としての農林業は、見直される必要があるだろう。

【注釈】

[1] 生存時間解析の手法での一つで、複数の原因がある事象について、それらの原因の影響や寄与を解析することができる。

【参考文献】

1) 岩井伸夫、黒沢洋一、大城等、飯塚舜介、于羽、能勢隆之（1993）：運動習慣、血清総コレステロール、血清 GOT・GPT と死亡率―11.8 年のコホート研究による評価―、米子医学雑誌 44、pp. 320-328

2) 谷垣静子、黒沢洋一、細田武伸（2005）：高齢者のサクセスフル・エイジングに関する研究、米子医学雑誌 56、pp. 177-187

3) 小谷和彦、黒澤洋一（2007）：地産地消に基づくトマト健康科学プロジェクト、鳥取大学地域貢献支援事業報告書、pp. 140-143

4) 中村剛（2001）：Cox 比例ハザードモデル、朝倉書店

1・5 高齢社会における災害に対する自助・共助の現状と今後

松見吉晴

1 高齢化と自然災害の脅威

地震、津波、洪水、土砂崩れ、豪雪など、わが国は様々な災害に幾度となく見舞われてきた災害列島である。2011年3月に発生した東日本大震災は東北地方沿岸部のみならず、震源から遠く離れた都市の脆弱性をも改めて浮き彫りにし、様々な地域で災害に対する備えを進める必要性が再認識された。

都市と過疎地域では、居住・就労人口や土地利用が大きく異なるため、災害への備え方もおのずと異なる。例えば、パニックのような群集心理に基づく混乱は、人の密集度合いが小さい過疎地域ではその備えはさほど必要ないであろう。その反面、道路の途絶による集落の孤立、高齢者の迅速な避難には困難が想定され、これらの備えは重要である。とりわけ、災害が昼間に発生した場合における高齢者の避難については、昼間は若者が遠方の勤務地で就労中であり、集落に高齢者しかいないという状況下で避難をしなければならない可能性が高い。

このように、地域の災害への耐力が高齢化に伴って弱体化することに過疎地域固有の課題がある。つまり、自然災害の猛威が今後仮に今と変わらなくても、それに対抗する地域の力が弱くなれば、災害で困難に直面する人が増え続けるという事態になる。このように考えると、自然災害から地域を守るには、自然現象を知ったうえで、それによる地域への影響を抑えるという視点も重要であるが、地域の弱点を知ったうえで地域の耐力を高めるための仕組みづくりをすることが本質的な視点となろう。以下では、高齢化に焦点を当てて、話を進める。

2 高齢者の運動能力——避難の観点から

文部科学省による平成22年度体力･運動能力調査によると、高齢者の10m障害物歩行、6分間歩行の平均値は図1のようである。65～69歳という比較的若い高齢者と比べてみると、今後人口の増加が予想される後期高齢者（図中の75～79歳）に関しては、10m障害物歩行では男性で1.15倍、女性で1.17倍の時間を要している。この結果より、壮年層が仮に20分で避難できるところを後期高齢者では23～24分以上要することになる。また、避難先までの距離が長ければ、持久力の衰えも重なり、さらに多くの時間を要するかもしれない。同様のことは、図1の右側に示す6分間歩行の結果からも窺える。男女ともに65～69歳と比べて90%の距離しか到達できない。避難所への数分の遅れが致命的になりうる過酷な環境下では、運動能力のハンディキャップをカバーするに十分な早期の避難が必要となる。

1･4節で述べたように、以前と比べて高齢者は確かに若くなったのだが、それはあくまで過去と比べた場合であり、若い世代との運動能力の差は克服されない。したがって、災害への物的な備えや防災意識の維持といった心理的な備えを平素から心掛けることが若者以上に重要となる。

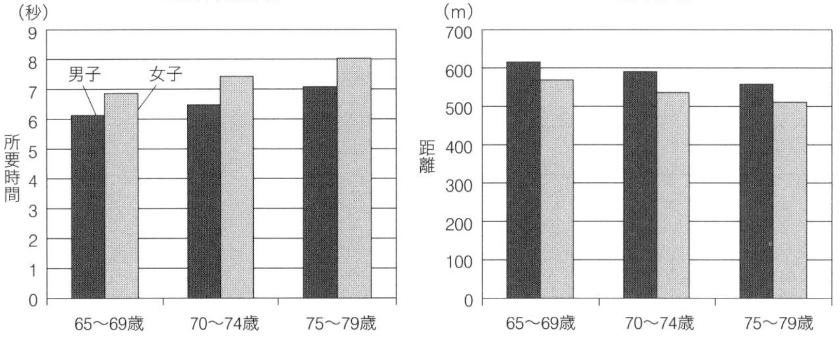

図1　高齢者の運動能力（10m障害物歩行、6分間歩行、平成22年度）
（出典:文部科学省「平成22年度体力･運動能力調査」）

3 災害への備えの実態

それでは、その肝心の災害への備えの実態はどうであろうか。以下では、2008年に鳥取県境港（さかいみなと）市のある地区で実施したアンケート[1)]を用いる。ここでは、高齢者のみの世帯（サンプル数はn＝70）、高齢者と非高齢者から成る世帯（n＝210）、高齢者がいない世帯（図中の「非高齢者のみの世帯」であり、n＝250）という三つの世帯に着目する。運動能力ならびに家族の助力が得られる可能性を踏まえると、平素の備えに「高齢者のみの世帯＞高齢者と非高齢者から成る世帯＞非高齢者のみの世帯」という大小関係があれば、平素の備えを活かして迅速に避難することで、運動能力が低いという高齢者のハンディキャップはカバーされることになる。

図2にその結果を示す。「インターネットから情報を入手」を除いては、ほぼ上記の大小関係が成立している。「注意報や警報に注意を払う」「日本に上陸しそうな台風に注意を払う」については、厳密には大小関係が成立していないものの外れ度合いはわずかであり、また、備えをしている世帯数の割合自体は高い。

次いで、避難することを決意してから持ち出し品などの準備を終えて家を出るまでに要する時間を図3に示す。この時間については、平素からの物的、

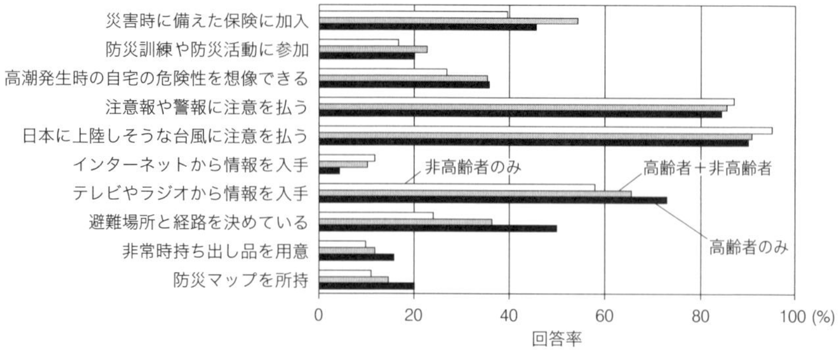

図2　自然災害に対する普段の備え

気持ちの備えがあれば短くなると考えられる。なお、図3は、例えば避難に要する時間が15分に対して累積割合がどの世帯についても55%ほどとなっているが、これは、避難の準備に要する時間が15分以内との回答がどの世帯についても55%ほどであることを表している。三つの世帯にそう大きな差異はないが、所要時間について「高齢者のみの世帯＜高齢者と非高齢者から成る世帯＜非高齢者のみの世帯」の大小関係が成立しており、この結果についても同様に、高齢者のハンディキャップはある程度はカバーされる。

以上より、高齢者は自身のハンディキャップを補うように備えているようである。しかしながら、この肯定的な結果を帳消しにしかねないデータが図

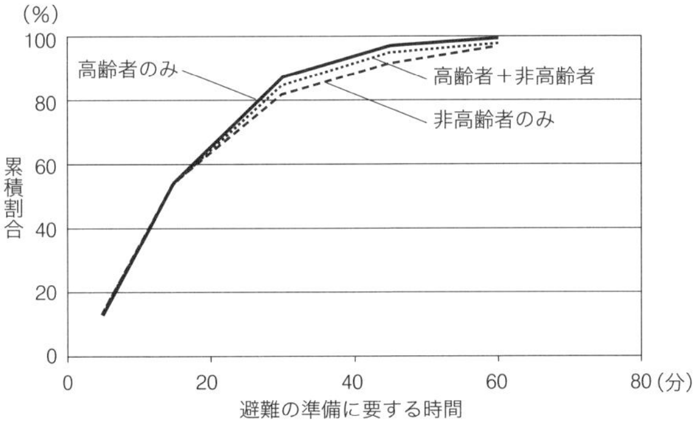

図3　避難の決意から家を出るまでの所要時間

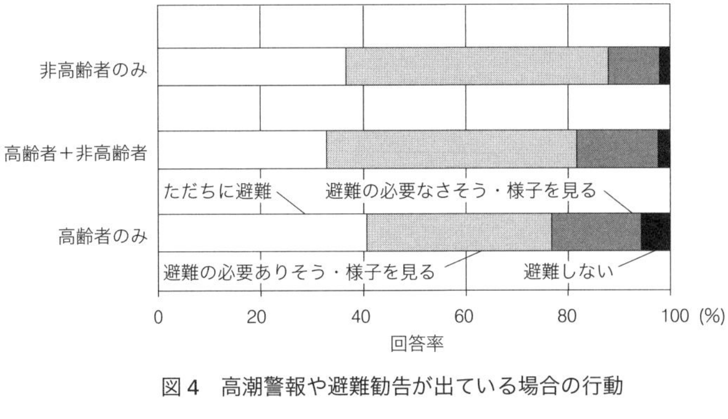

図4　高潮警報や避難勧告が出ている場合の行動

4である。これは、高潮警報や避難勧告が出ている場合に「ただちに避難する」「避難する必要があると思うが、しばらく様子を見る」「避難する必要はないと思うが、しばらく様子を見る」「避難はしない」という四つの選択肢のうち、どの行動をとるかを回答した結果である。「避難する必要はないと思うが、しばらく様子を見る」と「避難はしない」の回答率が、「高齢者のみの世帯＞高齢者と非高齢者から成る世帯＞非高齢者のみの世帯」という大小関係である。また、「ただちに避難する」の回答率も他の世帯と比べて顕著に大きいわけではない。

備えがあり、また決意さえすれば避難行動も早いにもかかわらず、高齢者の構成比の高い世帯はそもそも避難を決意しない傾向にある。その理由として。高齢者にとって避難が身体に負担である、自宅を離れるのが不安だということが考えられる。また、このアンケートでは過去に災害に遭遇した世帯はどの世帯についても2％以下とわずかであった。このため、長年にわたって災害遭遇の経験がなかったということが、避難の必要性を認めないことにつながっている可能性もあろう。いずれにせよ、高齢者の自助による避難には限界がある。

それでは、どのような情報や条件が加われば避難を決意するのか。その結果を図5に示す。これは、「避難する必要があると思うが、しばらく様子を見る」「避難する必要はないと思うが、しばらく様子を見る」と回答した世帯に

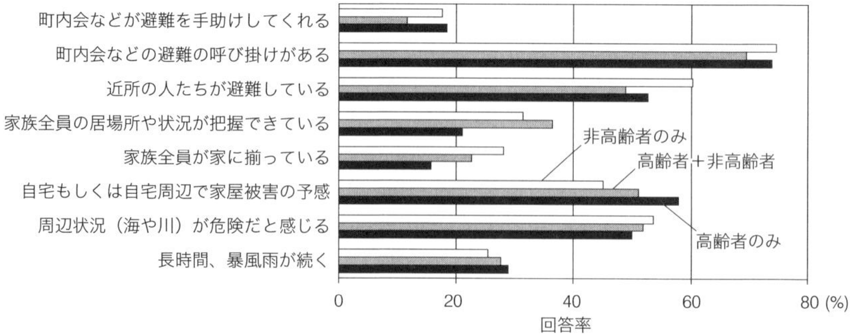

図5　避難の決意の条件

尋ねた結果である。これによると、どの世帯にも共通して「町内会などの避難の呼び掛けがある」が大きな回答率となっている。このことから、高齢者の避難の決意には、コミュニティによる共助が大きな意味をもつことが分かる。

4 避難行動シミュレーションを用いた自助・共助の分析

高齢者の自助による避難には限界があるとしても、それを簡単にあきらめてよいのであろうか。また、共助の果たす役割が大きくても、地区内の限られた人材でどう対応すればよいのであろうか。これらを確かめるには、防災訓練などを実際に行うことも一案ではあるが、様子を見て避難すると回答している人は、そもそも訓練に参加してもらえるのかも怪しい。そこで、仮想的にではあるが、避難行動シミュレーションによって避難の状況を再現して、自助や共助の有効性を検証するとともに、高齢社会に何が求められるのかを展望しよう。

図6　対象地区の道路ネットワーク

(1) 検討対象地域

上記のアンケート調査地区を対象とした。この地区の総世帯数は797世帯、面積は4km^{2}である。世帯当たりの人数は、平成17年国勢調査や町丁字等別男女別人口および世帯数より平均世帯人員は3.05人／世帯である。高齢化率は18.4%である。地区における道路ネットワークを図6に示す。なお、図6の左側が海岸線で、避難場所は海岸から約1kmの位置にある。この地区に、津波が遡上する場面を想定した。

(2) 避難行動シミュレーションの概要

避難行動シミュレーションでは、個々人は自身の判断でいつ避難するかを意思決定し、いったん避難を開始すると、その後は、危険区域（海や河川、崖など）から遠ざかることができる経路、円滑かつ迅速に避難できる幅広い幅員をもつ経路を優先的に選んで、避難所に向かう行動を再現する。その際、全員は徒歩で避難するとし、歩行速度は年齢によって異なるよう設定している。技術的な詳細は、文献[2)]を参照されたい。

(3) 自助の有効性の検証

高齢者世帯の自助による避難を限界としてあきらめる前に、まずは、それ

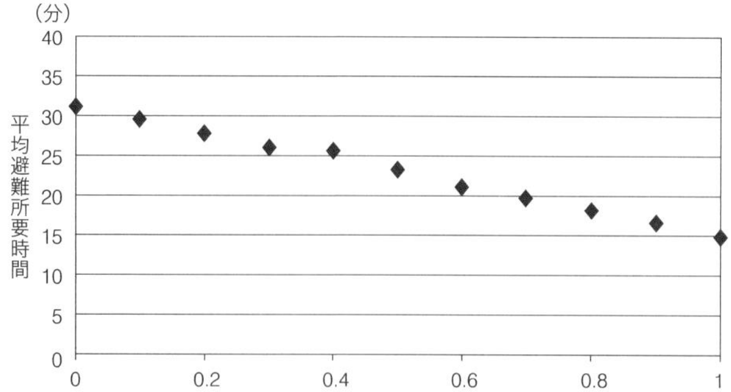

図7　自力でただちに避難する世帯の構成比と避難所要時間

をあきらめた（あきらめなかった）場合にどれだけの違いが生じるかを明らかにする。具体的には、自力でただちに避難する世帯がどれほどいれば、地区全体の避難所要時間がどれほど違うのかについて検討する。その際、自力でただちに避難する世帯はそうでない世帯に比べて避難開始時間の個人差が少ない（自力でただちに避難しない世帯は、たまたま気が向いて即座に避難する場合もあれば、たまたま趣味に熱中していてなかなか避難しない場合もあるように、偶然の影響が大きいと考えられるため）と仮定した。具体的には、自力でただちに避難する世帯の避難開始時間は平均を3分、標準偏差を1分と与えたのに対して、そうでない世帯のそれは平均を20分、標準偏差を6分40秒と設定した。

シミュレーションの結果を図7に示す。アンケートでは約40%の世帯がただちに避難すると回答しているため、現状での避難所要時間は約25分である。着目すべきは、自力でただちに避難する場合とそうでない場合では、所要時間が倍以上違うことである。自助による影響は非常に大きく、そこへの働きかけはあきらめてはならず、地道にでも続けていく必要がある。

(4) 共助による避難誘導の検討

一方で、短期的には自助による避難の限界を認めざるを得ないのも事実であり、共助による支援が不可欠である。具体的には、境港市におけるアンケート結果のように町内会などの呼び掛けが効果的であろう。では、どれだけの人が呼び掛けの担い手となればよいのであろうか。担い手は多いにこしたことはないが、冒頭にも述べたように、昼間に災害が起こった場合には、地区にいる若者は皆働きに出ているため、呼び掛ける人も地区の高齢者となる。十分に体力があり、また、協力的な担い手はおのずと限りがある。

そこで、担い手の数を闇雲にそろえるのではなく、呼び掛ける人を地区にどう配置するのが有効なのかを明らかにしておけば、地区内の限りある人材を適切に活用できると考えられる。そこで以下では、避難の呼び掛けを取り入れた避難行動シミュレーションを用いて、呼び掛けの担い手の配置について検証した例を示そう[3)]。

以下では、避難の呼び掛けを担う世帯を「避難誘導世帯」と称する。避難のシナリオとして、1）避難誘導世帯は呼び掛けながら避難する、2）呼び掛けは設定された影響範囲内の世帯に及ぶ、3）避難誘導世帯以外の世帯は呼び掛けられるまで避難を開始しないとした。なお、ここでの「影響範囲」とは、一つの避難誘導世帯による呼び掛けが伝わる空間の範囲である。

図6に示す地区よりも若干広めの範囲を検討対象地区とした。避難誘導世帯は、地区の末端に位置する150世帯とした。避難誘導の影響範囲には確立した設定方法がないため、まずは45mとした。この設定を基準のケース（ケース0）とした。すると、図8に示す結果を得た。なお、シミュレーションにおいては、個人情報法により住所情報を入手不可能のため、避難開始時の各世帯位置を道路ネットワーク上の交差点にランダムに配置した計150種類に関する計算結果より避難所要時間の平均値、標準偏差等を求めている。次いで、避難誘導世帯数を85世帯に減らしたケースを想定した(ケース1)。この場合、ケース0と比べて避難所要時間に大差はなかった。さらに、ケース0と比べて影響範囲が小さなケースを想定した（ケース2)。すると、避難所要時間が長くなった。

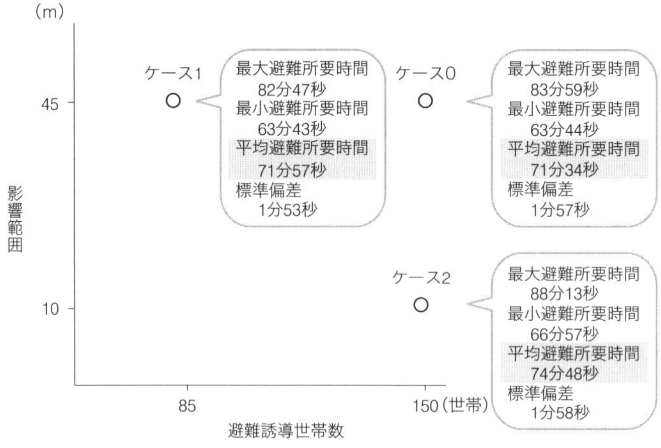

図8　各ケースにおける避難所要時間

このように、避難誘導世帯の増減（ケース0と1）と、影響範囲の増減（ケース0と2）が避難所要時間に及ぼす影響が異なる理由には以下が考えられる。避難誘導世帯は地図上における「点」の存在であり、世帯数の増減は点の増減である。一方、影響範囲は地図上における「面」であり、影響範囲の増減は面の増減である。したがって、人々への働き掛けの効力としては点より面の方が大きく、そのことが原因にあると考えられる。

もっとも、避難誘導世帯という「点」を一定数以上確保しないと地区全体をそもそもカバーできないため、「点」の確保が第一に重要であるが、それにあわせて、影響範囲（「面」）を大きくする仕組みが求められよう。具体的には、拡声器の使用などが連想されるかもしれないが、それ以外にも、呼び掛ける人の声が録音・発信できる情報システム、避難のライブ映像・音声が流せる誘導システムなど、最近の情報通信技術を駆使することも有用であろう。

5　さらなる高齢化に備えて

災害時の避難に限ったことではないが、すでに高齢者が高齢者を助けるのが珍しくない時代であり、今後はますますそうなるであろう。このような社会において共助の仕組みは重要であり、上記のアンケートやシミュレーションによってそのことが改めて再認識された。この仕組みを機能させるには、地域にいる人材をフルに活用することである。そのためには、元気な高齢者が避難誘導の担い手となって活躍することが必要である。

そのような人材を発掘するためには、行政の関与の仕方もよく考えなければならない。自助の行動を妨げる要因の一つとして、行政が助けに来てくれる、行政が何とかしてくれるという行政（公助）への依存気質がある。地震やゲリラ豪雨に代表されるように、行政が助けにくる間もなく災害は襲来する。また、助けにくる間がある災害でも、より深刻な地域があればそこに労力が割かれ、行政が自分の集落にはすぐに来られるとは限らない。行政も人出不足の過疎地域であるからこそ、その限界線をはっきりと定め、可能な任務は自治会に分権し、必要に応じて連携するというように役割分担をはっきりとさせ、健全な危機意識のもとでの人材発掘と自立的な集落の防災活動を促進していくことが不可欠である。

【参考文献】
1) 松見吉晴、雁津佳英（2009）：高潮災害を対象としたソフト防災に関する考察、土木学会論文集 B2（海岸工学）、Vol. B2-65、No. 1、pp. 1366-1370
2) 松見吉晴、蘆田哲也（2008）：沿岸過疎地域の浸水災害を対象とした避難シミュレーション開発、海岸工学論文集、第 55 巻、pp. 1376-1380
3) 藤井俊久、雁津佳英、松見吉晴（2010）：避難シミュレーションを用いた避難誘導世帯数と配置に関する検討、安全問題研究論文集、Vol. 5、pp. 217-222

広域化　スポット対応

1・6　人口減少が進む小規模自治体における生活排水処理事業の方向性

細井由彦

1　生活排水処理事業の人口減少社会における課題

地域の衛生環境を守るためには、生活や生産活動により排出される汚水や雨水の速やかな排除が必要である。それを担っている施設が下水道である。下水道は大都市を中心に整備が進められ、図1に示されるように、東京、大阪を始め人口が100万人を超えるような都市ではほぼ100%の普及率に達している。その一方で人口5万人未満の市町村の普及率は下水道以外の生活排水処理施設を合わせても72%にとどまっている。大きな都市では、都市化による人口集中により著しく増加した生活排水量を排除するとともに、河川へ

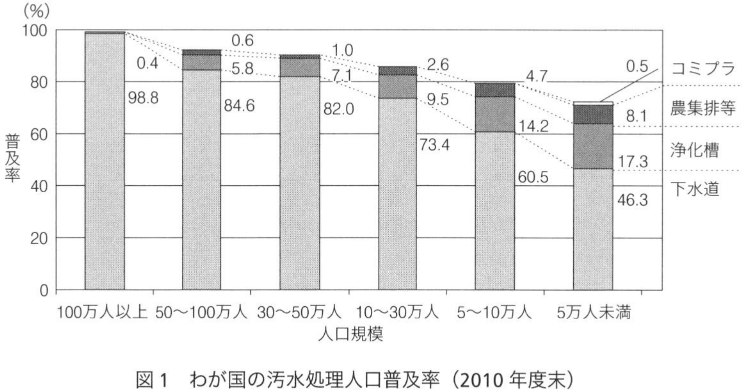

図1　わが国の汚水処理人口普及率（2010年度末）
（出典：国土交通省ホームページ1)）

（解説）
コミプラ：コミュニティプラントの略。住宅団地などに設置される小規模の下水処理装置
農集排等：ここでは農業集落排水処理施設、漁業集落排水処理施設、林業集落排水処理施設をまとめている。農業集落、漁業集落、林業集落のし尿および雑排水等を処理する集合処理施設。

の排水の流入によって引き起こされる水質汚濁を防止するために、下水道の普及が急がれてきた。また、都市では人口密度が高いために、管を埋設して排水を１カ所に集め処理を行う下水道システムのような方式が、効率的で投資効果が高かったということも、整備が早かった理由と言える。

生活環境の改善と河川環境の保全という社会的な要請は今後も重要性が減ることはなく、これからも生活排水処理施設が未整備である中小市町村において施設整備を進めていくことが求められている。また早くから建設された市町村においては施設の老朽化が進み、その更新を考える必要に迫られている。しかしながら、わが国は人口減少の時代に入り、今後急速な人口減少が進むと予想されている。このため、従来と同様の整備方針がそのまま有効とは限らない。

何の政策も講じなければ、人口減少は人口密度の低下を伴う。とりわけ、これから生活排水処理施設の整備を進めなければならない小さな市町村ほど人口の低密化が進んでいる。また、更新が迫られる既整備地区においても、下水道を建設した当初の人口と比べて将来の人口は少ないところが多い。人口減少社会をむかえ、生活排水処理施設事業をいかに持続させていくか、右肩上がりで都市が成長していった時代とは異なった新たな課題がもちあがっている。

2 | 生活排水処理の方法——集合処理と個別処理

生活排水処理の方法には集合処理と個別処理がある。集合処理とは、下水道のような処理方法をいう。すなわち、下水道管路を建設し、各家庭や事業場から出た排水を処理場に集め、きれいな水に処理をして放流する。この方式では、多量の排水を１カ所に集めて処理を行うため、処理水量が多い場合には費用の面からも処理機能の面からも効率がよい。管路の建設には多くの時間と費用を要するが、管路の延長あたりに接続している主体が多ければ多いほど、費用効率がよい。したがって集合処理は、人口密度が高い都市のような地域にとって有効な処理方法である。

個別処理とは、各家庭や施設ごとに浄化槽のような処理施設を設置し、排水の発生した現場でそれぞれ個別に処理する方法である。この方法では、集合処理のように管路を布設する必要がない。しかし、家庭や施設の数だけ処理施設を設置する必要がある。したがって設置箇所が多い場合には非効率となる。

集合処理では、処理水量が増加するほど水量当たりの建設・維持管理費は小さくなるという「規模の経済」が働く。一方、個別処理では、施設ごとに建設・維持管理費がかかるため、その費用は施設数にほぼ比例する。以上の関係は図2のように表すことができる。個別処理の費用は世帯数に比例するような性質にある。これに対して集合処理は、世帯数が増えるほど規模の経済が働き、世帯あたりの費用の増加が少なくなる。両者の費用線が交わるA点より世帯数が多いB点のような人口規模では集合処理が、A点より世帯の少ないC点のような人口規模では個別処理が有利になる。すなわち人口が多い場合には集合処理が、少ない場合には個別処理が選択される。

また、「人口減少」という変化が進んでいく場合、いったん集合処理の施設を建設すると、人口が減少して処理水量が少なくなっても、人口に比べて過大となった施設の使用を続けざるを得ないが、個別処理の場合には、不要になった施設の使用を停止することにより費用はかからなくなる。このように、個別処理には人口の変化に柔軟に対応できるという長所もある。

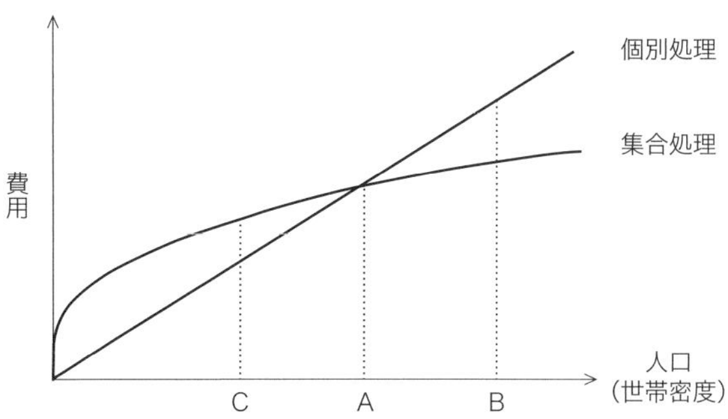

図2　整備地区人口と集合処理、個別処理の費用の関係

3 人口減少を考慮した処理方法の選択

従来の整備においては、ある特定の人口を設定し、そのうえでそれぞれの処理方法について費用を比較していた。しかし、人口が減少する場合には、現在では図2におけるB点であっても、施設を使用中にC点に移ることも考えられる。では、人口の減少を考えた場合とそうでない場合とでそれぞれの処理方式の費用にどのような違いが出てくるのであろうか。また、具体的にどのような場合にどちらの方式が有利となるのであろうか。ここでは、農業集落排水処理施設（農業地域に建設される下水道と同じ集合処理施設）を対象に試算した結果を図3に示そう[2)]。

対象地区の現在の人口は、最小はE地区の240人から最大はJ地区の680人といずれも人口が少ない地区である。図中の各地区につき2本の棒グラフのうち左が現在の人口を設定した場合、右が人口減少を考慮した場合である。人口減少を考慮すると、どの地区についても個別処理費用に対する集合処理費用の比率が高くなり、個別処理の有効性が高まる。人口減少を考慮すると、E、G、H地区では集合処理と個別処理の費用の比が1を超えており、現在の

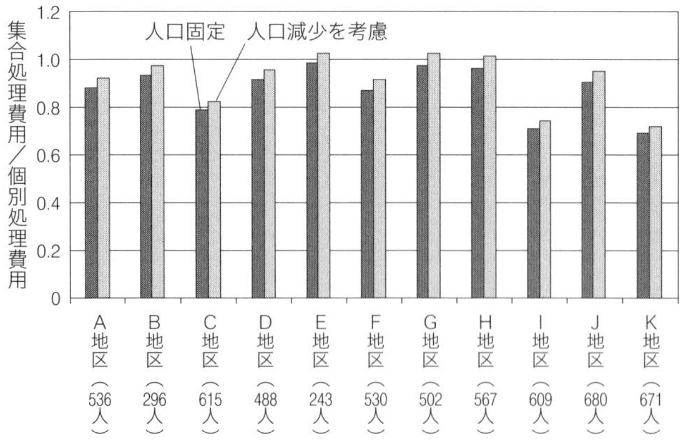

図3 人口減少を考慮した費用の試算例
※地区名の（ ）内の数字は現在人口を示す

人口を設定した場合とは異なり、個別処理が安価になるという結果になった。

このように、過疎地域のような今後人口減少が顕著に進むと予想される地域で新たに生活排水処理施設を整備する場合には、人口減少を考慮して処理方式を検討することが適切であり、また、人口減少が顕著であれば個別処理が有利となる方向性に留意をする必要がある。

4 既設の生活排水処理施設の持続的維持

(1) 既整備の集合処理に関する人口減少対策

過疎化が進む地域に整備されている主な生活排水処理施設は、農業集落排水処理施設が中心である。その施設を所管する農林水産省によると、2008年度末で全国5,000地区365万人に普及している。すでに施設の老朽化が進んでおり、更新需要は2011年の20億円から年々増加し、2015年からは毎年100億～140億円程度になると農林水産省は予測している。

施設の更新においては、新たな技術を取り入れた新しい処理方式に切り替えて改築することにより、処理機能の向上とライフサイクルコストの低減を図ることが薦められている。しかし、人口減少の一層の進行が予想される場合には、現在の集合処理をそのまま維持するのではなく、施設の構成の変更も含めた検討も必要になるであろう。その際、処理地区の統合による広域化や、集合処理から個別処理への切り替えなどの方策が有効であると考えられる。

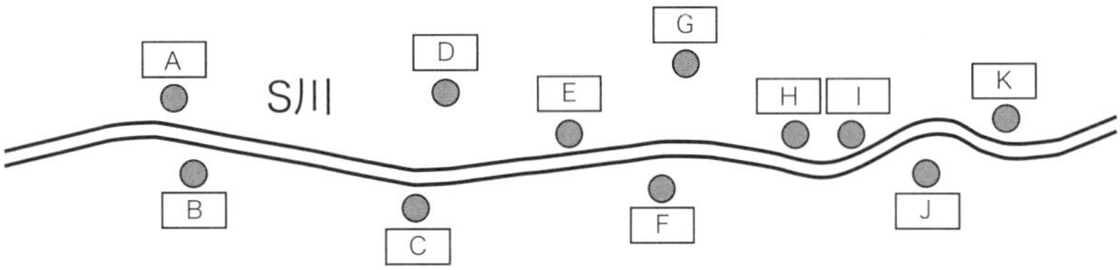

図4　農業排水処理施設の更新施策に関する検討対象地区

そこで、これらの方策の有効性を検証するために、図4に示されるような1本の河川に沿って上流のA地区から下流のK地区までに点在する農業集落排水処理11地区をモデルに検討した[3)]。現在もっとも人口が多いのはE地区の533人であり、35年後には156人になると予想されている。もっとも人口が少ないのはA地区の73人であり、35年後は23人と予想されている。

表1　統合化の代替案

CASE	内　容
CASE-1	現在のまま11地区の処理施設を更新して継続
CASE-2	A、B、C地区を一つに、その他の地区を一つに統合し、処理施設をC、K地区におく
CASE-3	全地区を統合し、処理施設をK地区におく

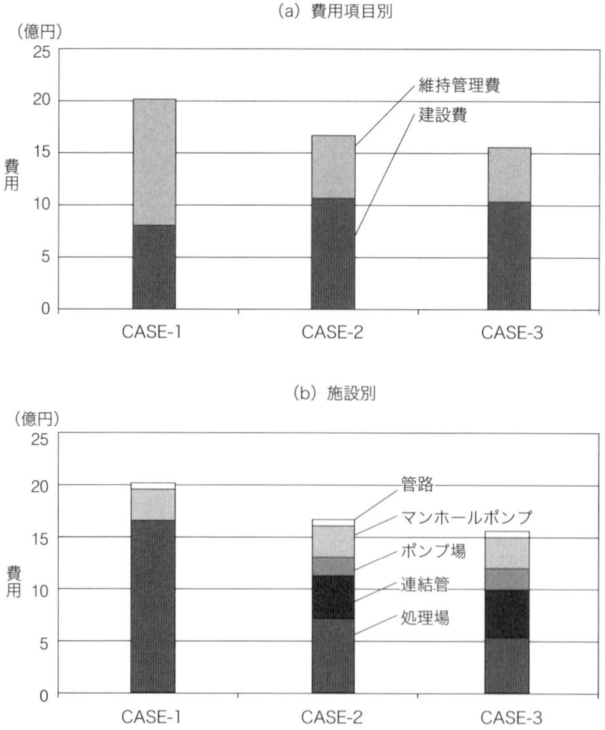

図5　統合による代替案の費用比較

(2) 処理地区の統合化政策

これらの地区に関して、表1に示す三つの代替案を取り上げた。

CASE-1は現在の施設構成のままで更新を行う方法であり、CASE-2とCASE-3はいくつかの処理地区を統合する案である。統合とは、具体的には、処理施設間に新たに連結管を建設し、廃止する処理施設はポンプ施設に改築して、統合した処理施設へと下水を送水することを想定する。統合された処理施設は、現在の施設の更新とともに、処理人口の増加に合わせて増築する。

施設を35年間使用するものとして、各代替案の総費用を求めた結果を図5に示す。(a) に示すように、統合する場合、施設の改築更新費（図中における「建設費」）は現在の施設のままで進めるよりも高いが、維持管理費については処理施設数が少なく、かつ各処理施設に規模の経済が働くため安価になっている。また、(b) に示すように、統合には連結管やポンプ場などの新たな費用が発生するが、処理場にかかる費用が削減される。以上より、11地区を1カ所に統合する方法がもっとも経済的に有利であるという結果になった。

(3) 個別処理の導入

人口減少を見据えて、浄化槽による個別処理を導入するケースについて検討しよう。ここでの代替案は表2に示す二つを取り上げた。

費用の計算結果を図6に示す。全区域を個別処理とするCASE-4は、先に示したCASE-2やCASE-3に比べて、建設費は少ないが維持管理費が高くなる。ただし、維持管理費は利用する浄化槽の数に比例すると考えることができるため、人口減少の割合が予想よりもさらに大きい場合には費用が下がる。すなわち、2項の最後でも述べたが、集合処理の場合には人口が減少しても一部を停止するということはできないが、個別処理の場合には不要な施設を停

表2　個別処理を取り入れる代替案

CASE	内　容
CASE-4	全地区を合併処理浄化槽による個別処理に切り替える
CASE-5	集合処理と個別処理を組み合わせる

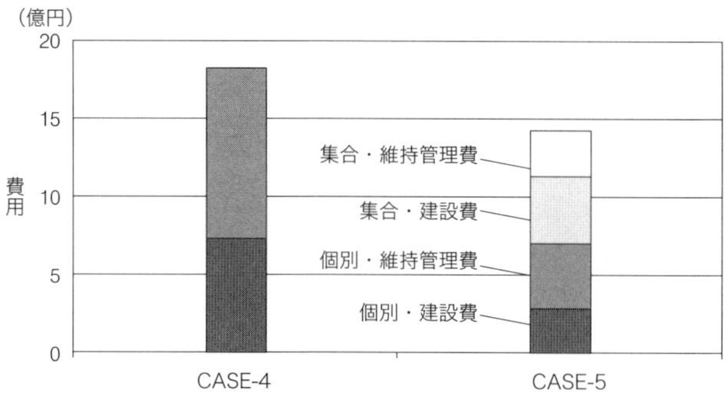

図 6　個別処理利用による更新案の費用計算結果

止できるため、人口減少が予想以上に著しく進む場合に備えて、個別処理の費用が若干高く見積もられても、その処理方法を採用しておく政策もありうる。

過疎化が顕著であるにもかかわらず、CASE-2 や CASE-3 のような集合処理が経済的となった理由として、すでに布設されている管路を利用できること、処理建屋をそのまま利用してポンプ施設に改築できること、統合処理施設もこれまでの施設を利用しつつ更新増築を行えばよいことなどがあげられる。

次いで、集合処理と個別処理を組み合わせる場合を検討した。人口がもっとも多い E 地区とそれに続く C 地区を中心として、その周辺を順次統合して集合処理の対象地区に、残りを個別処理とする場合について計算した。その中でもっとも費用が安価であったのが、B、C、D、E 地区を統合して集合処理とする場合であった。これを CASE-5 として図 6 に示す。これまで費用が最小であった CASE-3 よりもさらに費用を低減できており、それぞれの地区の人口特性に合わせて、集合処理と個別処理の優位性をうまく組み合わせた代替案であることが分かる。

このように、施設の状況と地域の特性を把握したうえで、集合と個別処理の双方の利点を活用することで、人口減少に対応しつつ持続的な処理事業を探ることができる。

5 持続的な生活排水処理事業の経営に向けて

中小規模の自治体においては、人口減少が顕著でかつ財政状況の厳しいところが多い。このような自治体が生活排水処理事業を持続的に経営していくに際しては、集合処理の継続を前提にした現在の施設に関するライフサイクルコストのみに着目した大都市型の考え方を適用することは適切ではない。長期の人口変化をもとにして、それぞれの状況に合わせて集合処理と個別処理を組み合わせて、整備方法や現在の処理方法の変更を考慮した対策が必要である。

個別処理を行う場合、現在は浄化槽の汚泥は収集してし尿処理施設において処理をするのが一般的であるが、し尿処理施設の老朽化も進んでいる。節水意識の高まりや人口の減少等により、下水処理施設において処理能力に余裕ができてきており、浄化槽汚泥を下水処理施設が受け入れていくという「目的外使用」も進めていく必要がある。現在の制度を設計した時点においては、人口減少社会は考慮に入れられていなかったと思われる。その時点における前提とは異なった社会に直面している現在においては、過去の計画にとらわれない柔軟な対応で持続的経営を進めることが求められる。

【参考文献】
1) 国土交通省ホームページ
(http://www.mlit.go.jp/mizukokudo/sewerage/crd_sewerage_tk_000135.html)
2) 細井由彦、上地進（2007）：人口減少を考慮した汚水処理施設整備方法の検討、環境工学研究論文集 44、pp. 207-215
3) 細井由彦（2012）：人口減少とインフラ老朽化時代における生活排水処理システムの持続的マネジメント戦略、平成 23 年度環境研究総合推進費補助金研究報告書

2章

フィールド実践に基づいた
新たな仕組みと技術の提案

訪問／近所型　集約化　広域化

2・1　住民参加でつくる持続可能な地域福祉システム

竹川俊夫

1　今日的な課題としての過疎地域の地域福祉システム

農村における福祉実践といえば、第二次大戦以前から各地で取り組まれてきた農繁期託児所づくり[1)]や、1962年に乳児死亡率ゼロを達成した岩手県沢内村の保健活動や医療無償化[2)]などが知られているが、1960～70年代初頭に拡充された社会保障・社会福祉制度は、基本的には核家族化が進んだ都市勤労世帯を念頭に置いたものだったといえる。一方、大家族が中心で相互扶助の習慣が強く根付いていた農村では、高齢者介護などは家族が対応するのが当然という意識が強かったこともあり、福祉課題は顕在化しづらかった。

しかし、1980年代に入ると、過疎化・高齢化の進展に加えて、三世代世帯の減少や独居高齢者の増加、女性の社会進出などに伴い、農村でも課題が表面化し始めた。2000年代に入ると、さらなる過疎化・高齢化を背景に、自治や相互扶助の機能が崩壊するいわゆる限界集落問題がクローズアップされ、家族のみならず地域での課題解決の限界が広く認識されるようになった。

このような変化を受けて、国は1989年にゴールドプラン（高齢者保健福祉10カ年戦略）を策定し、高齢者介護の基盤整備を強力に推進した。サービス基盤の整備においては市町村が主たる役割を担い、保健・医療・福祉にわたるケアの供給体制が形成されていった。2000年には介護保険制度が導入され、民間に広く介護市場を開放してサービスの整備に弾みをつけるはずであったが、移動にコストのかかる過疎地域では、高齢化の進展に伴い増加する介護ニーズに反して採算性の低い訪問介護などの在宅ケアへの参入は十分に得られなかった。こうして今日の過疎地域では、厳しい財政事情のもとで、福祉サービスの充実とその持続可能性の確保という、相反する課題の克服に迫られている。

2 地域福祉を取り巻く社会状況——鳥取県を例に

人口や世帯数、高齢化率などの社会全般的な動向については、すでに序で取り上げたとおりである。そこで以下では、2010年4月1日現在、総面積の56.5%を過疎指定地域が占める鳥取県を例にして、地域福祉をとりまく社会状況の概要を簡単に紹介したい。

(1) 要介護者数の推移

世帯構成の変化や高齢化に伴い、介護保険サービスの第一号被保険者で要介護（要支援）の認定を受けた者の総数は、制度開始時から2011年4月までの11年間で1万5,386人から2万8,988人へと約1.9倍増加した（表1）。

表1　要介護認定者数の推移

区分	要支援1	要支援2	要介護1	要介護2	要介護3	要介護4	要介護5	計 a	第1号保険者 b	a/b (%)
2000.4	2,067	—	3,798	2,755	2,158	2,412	2,176	15,386	134,021	11.5
2011.4	3,513	3,881	4,382	5,111	4,052	3,972	4,077	28,988	152,485	19.0
伸び（%）	167.0	217.6		185.5	187.8	164.7	187.4	188.4	113.8	

（出典：鳥取県長寿社会課『鳥取県高齢者の福祉と元気のプラン（平成24～26年）』）

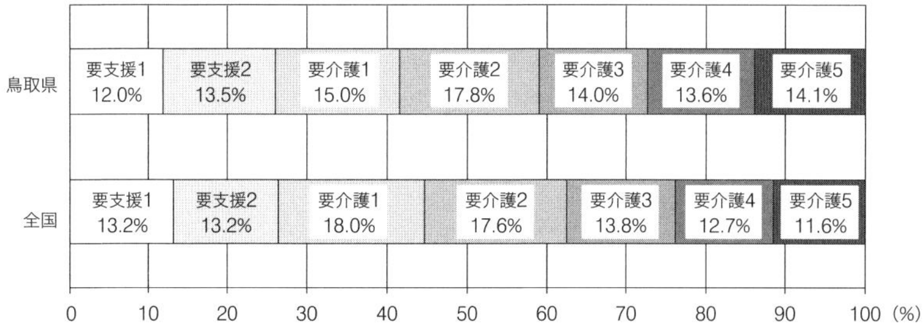

図1　要介護度別認定者の割合
（出典：鳥取県長寿社会課『鳥取県高齢者の福祉と元気のプラン（平成24～26年）』）

また、鳥取県長寿社会課の推計によると、2011年4月時点の認知症高齢者数（自立度Ⅱ以上）は1万6,800人であり、要介護認定者の6割近くを占めるまで増加している。鳥取県の要介護度別認定者の割合を全国と比較した図1を見ると、鳥取県は全国に比べて高齢化が進んでいることもあって、要介護4・5の重度要介護者の割合が高くなっているのが特徴である。

(2) 自治体の福祉財政の状況

公的な福祉サービスの供給については、大部分を市町村が担っており、その予算は普通会計において民生費として計上される。鳥取県を代表して表2の鳥取市の財政状況を見ると、民生費の構成割合は3割を超えて予算費目の中でいちばん大きくなっている。また、2012年度は2008年度に対して約63億円（構成割合で4.3%）も増加している。今後もこの増加傾向は続くと予想され、福祉サービスが会計全体に与える影響は極めて大きくなっている。

さらに、社会保険である介護保険については、国民健康保険などとともに普通会計とは別枠の特別会計に予算計上される。介護保険費は2008年度に比べて2012年度では38億円ほど増加しているが、これは国民健康保険費の増分の倍以上の額である。高齢化に伴うコスト増はやむを得ないにしても、財政に与える負荷を考えると、サービスの拡充はもとより現状維持さえ容易ではない。高まるニーズに応えながらサービスの持続可能性を確保するためには、行政の限界をふまえて住民と連携し、官民協働で解決に取り組むことが期待される。

表2　鳥取市における福祉関連予算の動向

○普通会計	2008年度	2012年度	増減
民生費（円）	214億5,637万	278億2,255万	63億6,618万
構成割合（%）	27.3	31.6	4.3
普通会計合計	786億6,000万	881億3,300万	94億7,300万
○特別会計	2008年度	2012年度	増減
国民健康保険費（円）	178億5,008万	195億2,786万	16億7,779万
後期高齢者医療費（円）	18億6,693万	17億9,942万	－6,751万
介護保険費（円）	117億7,846万	156億　500万	38億2,655万

（鳥取市当初予算データ（鳥取市ホームページ掲載）を用いて筆者が作成）

3　持続可能な福祉システム構築の試み——鳥取県八頭町の取り組みを例に

(1) 地域福祉計画とは

ゴールドプランが推進された1990年代以降、地方分権の動向と相まって、市町村の福祉部門では高齢者保健福祉計画や介護保険事業計画など、分野ごとのサービス計画の策定が法定化されている。ここで取り上げる地域福祉計画も社会福祉法によって規定された法定計画である(努力義務)。この計画は、市町村の基本構想・総合計画と分野ごとのサービス計画との中間に位置し、各分野の福祉政策を方向付けるとともに、1) 地域における福祉サービスの適切な利用の推進に関する事項、2) 地域における社会福祉を目的とする事業の健全な発達に関する事項、3) 地域福祉に関する活動への住民の参加の促進に関する事項を計画化する役割を受け持つ。

このうち3) は、他の計画と一線を画す本計画の最大の特徴であり、地域福祉の推進に向けて住民の福祉活動への参加を促進し、地域を基盤に行政と住民、福祉事業者の相互の協力・協働関係を構築しようとするものである。筆者は2010年9月より、鳥取県八頭町の地域福祉計画の策定に策定委員兼アドバイザーとして参画し、地域の実態把握やプランニングにかかわってきたこともあり、以下では八頭町の取り組みを例に持続可能な福祉システム構築への方策を紹介したい。

(2) 八頭町の概況

鳥取県東部に位置する八頭(やず)町は、2010年現在で人口1万9,386人、世帯数5,898世帯である。地域の主力産業は農業であるが、農業人口は減少が続いており衰退が懸念されている。鳥取市に隣接する町の北部はベッドタウンとしての性格が強く、郡家駅や役場のある市街地域では人口、世帯数とも増加傾向にある。しかし、それ以外のエリアは典型的な過疎化の様相を呈し、少子高齢化が急速に進んでいる。山間部を中心に、限界集落の目安とされる高齢化率50%を超えている集落が7ヵ所存在しており、集落の弱体化の傾向も見られる。

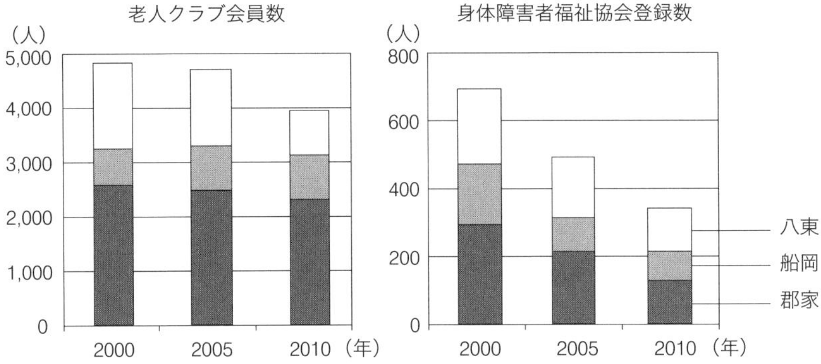

図２　老人クラブ会員数、身体障害者福祉協会登録数の推移
※郡家、船岡、八東とは、八頭町内の地域名（合併前の町）である　（出典：八頭町地域福祉計画）

地域の相互扶助力という点では、集落以外にも老人クラブや障がい者団体といった当事者団体もこれまでに重要な役割を果たしてきた。しかし図２のように、老人クラブと身体障害者福祉協会のいずれも会員数が大幅に減少する傾向があり、当事者団体を通じた支え合う力もまた弱体化している。

(3) 八頭町地域福祉計画の策定プロセス[3)]

2010 年 9 月に始まった八頭町地域福祉計画づくりは、2011 年 8 月までに計 5 回の策定委員会を開催したほか、1）福祉関係 10 団体へのヒアリング(2010 年 10 ～ 12 月)、2）独居高齢者生活実態調査（2011 年 2 ～ 3 月)、3）住民懇談会、4）パブリックコメント（2011 年 6 ～ 7 月）そして 5）八頭町地域福祉計画町民フォーラム（2012 年 2 月）の五つの住民参加の取り組みを経て、2012 年 3 月に完成した。ここではこれらのうちから 1)、2）に絞って内容を紹介したい。

(4) 福祉関係団体へのヒアリングによる課題の抽出

今回のヒアリングでは、1）福祉関係団体の組織体制や運営上の課題、2）障がい者や高齢者などの当事者の生活課題についての聞き取りと、これらの課題の整理を行った。まず 1)では、会員の減少と高齢化ならびにそれに伴う役員の固定化や活動の担い手不足という課題が確認できた。さらに、個人情報保護法によって行政が把握している当事者の情報が福祉関係団体と共有できないため、当事者と直接面会して会員に勧誘することが困難だという課題も浮上した。これらの課題を放置すれば現状の活動を維持することさえも困難になるであろう。そこで、課題の解決に向けては、集落も福祉関係団体も個々に活動するのではなく、一定の地域ごとにネットワーク化して住民が足で稼いだ情報を共有しつつ、それぞれの活動を相互に補完するというアイデアが導き出された。

次いで2)では、高齢者や障がい者にとって通院や買い物の足となる公共交通への不満や不安が明らかになった。足腰が悪くなると地域の福祉活動にも参加しづらくなることもあり、町営バスや買い物支援策の充実に加えて、ボランティアによる移送サービスの導入も要検討事項となった。また、障がい者や要介護高齢者は孤立しがちになるため、地域での気軽な相談や見守りの体制づくりと仲間づくりの支援、ならびに、災害時における避難支援体制の確立という課題も明らかになった。さらに、障がい者や高齢者が地域に住み続けられるための、住まいや居場所づくりという課題も明らかとなった。特に、八頭町は障がい者のグループホームが存在しないため、親亡き後に障がい者が地域で暮らせるかどうかが大きな不安になっていた。また、精神障がい者や制度の隙間にいる人でも安心して通える日中の居場所づくりが必要という指摘もあった。

(5) 独居高齢者の生活実態調査による課題の抽出

独居高齢者313名を対象とし、1) 今住んでいる地域への定住意向とその理由、2) 地域での付き合いの状況、3) 独居高齢者を支援するサービスの認知度や利用意向を中心とした聞き取り調査を実施した。その結果、264名から回答が得られた。調査結果を簡単にまとめると以下のとおりである。

まず1) の定住意向については、居住地域に関係なく9割超の大多数が「住み続けたい」と回答し、その理由として約7割が「慣れ親しんだ土地だから」、約4割が「人間関係が良いから」をあげていた。これより、安易に介護施設や病院でのケアに依存するのではなく、住み慣れた地域で高齢者一人ひとりにきめ細かく対応したケアシステムを整備することに大きな意義があり、その核心こそが地域での人間関係にあることが分かった。要介護状態になっても可能な限り旧来の人間関係を維持することが生活の質を高めることに大きく貢献するということである。

次に2)についてであるが、自立した生活が営める独居高齢者は豊かな近隣関係の中で親密な付き合いを維持しているケースが多かった。しかし、要支援・要介護になると地域行事への参加が大幅に減少するとともに、「ふれあいサロン」(外出の機会が少なく家に閉じこもりがちな人が、地域住民とともにふれあいを深め、生きがいや仲間作りを目的とするための活動) や見守り活動の対象からも漏れて、次第に地域で孤立する傾向があることが明らかになった。このため、元気な時から要介護期に至るまで、一貫して地域での人間関係を維持できる見守り体制づくりが重要であることが分かった。3) では、「愛の輪協力員」という見守り制度や緊急通報装置、「ふれあいサロン」の認知度が比較的低く、これまで以上に周知が必要であることが判明した。

(6) 八頭町地域福祉計画の基本理念・将来ビジョンと基本計画

以上の課題をふまえて策定された八頭町地域福祉計画は、「基本理念・将来ビジョン」と「基本計画」によって構成されている。「みんなで支えあい安心して暮らせる福祉のまちづくり」というシンプルな基本理念に続いて、1) 地域の要援護者や子どもへの見守り体制が充実した思いやりのまち、2) 地域の要援護者が災害時でも速やかに避難できる安全のまち、3) 地域の要援護者にきめ細かな援助が提供できる支えあいのまち、4) 住民誰もが住み慣れた地域でいつまでも暮らせる安心のまち、という福祉まちづくりの四つのビジョンを示した。

「基本計画」は、基本理念・将来ビジョンを実現するための施策の基本方針や今後の事業展開を体系的に示したものである。ここでは紙幅の関係もあるため、社会福祉法が定める3項目のうち、本計画の最大の特色である「1. 地域福祉に関する活動への住民の参加の促進」の部分と、法定3項目以外に過疎地域としての独自の地域課題に対応するために設けられた「4. 地域福祉に関するその他の課題」に限定して紹介したい。

基本計画の1（住民参加の促進）には、1）小地域における防災・福祉ネットワークの確立と福祉活動プランの策定推進、2）小地域における見守り活動の確立、3）地域における支えあい活動の充実、4）地域福祉推進の基盤強化、の4項目が並べられている。ここでまず確認しておきたいことは、本項目が「小地域」を基盤としている点である。この小地域とは、統廃合以前の小学校区（＝旧村）のことであり、八頭町ではおおむね「地区」と呼ばれる範囲に相当する。小地域（地区）を単位とすることは、限界集落化を見越して集落機能を広域的に再編し、それによって住民参加型の福祉システムを形成することを意味する。

1）に関しては、福祉の要援護者は災害時の要援護者にもなりやすいため、福祉と防災に関係する地域団体が地区を単位にネットワークを形成し、要援護者の情報の把握と共有を進めながら生活支援と避難支援を一体的に展開することが有効である。この営みを促進するため、地区のネットワークが福祉活動プランの策定に取り組むことが計画で謳われている。また、基本計画では一律で同じ事業を町全体で実施するのではなく、地区の特性や課題をふまえて住民自身が必要な福祉・防災活動のあり方を決めて実践することを原則とし、行政はそのプロセスが円滑に進むように条件整備を行うことが記されている。

地区ごとのプランニングでは、様々な地域課題の解決に向けて、2）の見守り活動や3）の支えあい活動の具体的な推進が検討されるが、それに必要な組織や拠点の整備、人材や財源の確保については4）の基盤強化において行政が支援策を検討・確保するという役割分担が記されている。具体的には、住民の福祉への意識高揚と参加促進に向けた福祉学習やボランティアセンター機能の強化、地区公民館の福祉活動の拠点施設としての活用や、新たな福祉活動推進組織の結成などであるが、これらを通して、伝統的に集落が担ってきた自治や相互扶助の機能を、地区単位に集約・再編することが試みられることになろう。

一方、基本計画の4（その他の課題）では、通院や買い物などへの外出の困難化や商店の撤退による買い物の場の減少、独居高齢者の生活への不安増大、といった過疎地域の諸問題への対応として、1）ボランティア移送サービスや予約制のデマンドバスなどの新たな移送手段の確保、2）移動販売車の導入や空き店舗への商店の出店支援、3）障がい者や高齢者が住み慣れた地域で暮らし続けることを可能にするグループホームやケア付き共同住宅などの住宅政策の導入、また、過疎問題の根本的な解決は人口の維持にあることから、4）空き家を活用したU・Iターンの促進、という四つの方針が掲げられている。これらはいずれも、福祉当局以外が所管する事業であったり、福祉分野だけで解決することが困難な取り組みであるが、基本計画では、直接ケアに関わらないとしても、高齢者や障がい者などの自立した暮らしのために必要と判断されるものについては、役場の担当所管や関係団体に対して積極的に働きかけを行い、総合的に課題解決が図れるようネットワーク化を推進するという方向性が示されている。

4 過疎地域における持続可能な地域福祉システムづくりに向けて

最後に、計画実現ならびに持続可能な福祉システムの構築に向けて要になると考えられる点について考察を加える。その際、八頭町の計画を念頭におきつつも、他の地域での新たなシステムづくりにおいて活用しうるように、一般性が高いと考えられる3点を取り上げて整理しよう。

(1) 見守り体制の構築に向けた地区単位の福祉推進組織づくり

見守り体制の充実や災害時の避難支援活動の推進、住民の暮らしをきめ細かく支援する活動の推進を実現するために、八頭町地域福祉計画がもっとも重視していることは、それらの活動を担う新たな福祉推進組織を地区（＝旧小学校区）に設置することである。現在、地域には福祉活動に取り組んでいる様々な組織・団体が存在するが、3項で述べたように、福祉課題への対応力を維持するには、集落よりも広域だが住み慣れた地域という意味では広すぎない範囲を基盤に、各種団体をネットワーク化して再編し、それぞれのメンバーが役員やボランティアとして参加することで、新たな活動を担いうる福祉推進組織を立ち上げることが有効である。ただし、全体の統括や調整など、事務的な労力を担える人材がいなければ組織づくりは進まないため、行政が人件費を確保し、有給のスタッフである「地域福祉コーディネーター」を配置するという支援が行われる(2012年度からモデル地区を設定して実施予定)。

八頭町には存在しないが、過疎地域の市町村には、地区程度のエリアに地域振興協議会やまちづくり協議会といった自治組織が設置されていることがある。組織内に福祉推進機能があればそれを活用すればよいが、ない場合やあっても不活発な場合には、八頭町の取り組みが参考になろう。また、コーディネーターの配置だけで設立から運営まで自主的かつスムーズに進む訳ではないため、地区内外にある福祉関係施設や行政も組織づくりに参加し、適宜サポートすることが必要になる。とりわけ地域支援を専門とする社会福祉協議会には、この役割を中心的に担うことが期待されよう。

(2) 住民福祉活動と専門的福祉サービスの協働による地域包括ケア体制づくり

地区を単位とする福祉推進組織の設置とその活動強化は、住民の生活困難をいち早く発見し、保健・医療・福祉などの専門的なサービスにつなげて早期に対応する予防的なアプローチの入り口となる。しかし、住民福祉活動と専門的福祉サービスが連携しなければ、住民に安心を約束することはできない。このため、地区の福祉推進組織は社会福祉協議会だけでなく、地域包括支援センターやケアマネジャー、地区内外にある福祉施設スタッフなどと普段から連絡を取り合う必要がある。ケアマネジャーがケアプランを作成する際には、保健・医療・福祉サービスに加えて地域の見守りなどの人的資源をコーディネートし、いわゆる地域包括ケアを形成するという課題があるが、地区の福祉推進組織はそのための協働体制づくりをスムーズに進めるための基盤となる。

(3) 住み慣れた地域に暮らし続けるための新たな住まいの創造

住民の地域生活の継続を支援するうえで忘れてはいけないのが、それに適した「住まい」を確保することである。現在、要介護状態にある独居高齢者が過疎地域で暮らす場合、地域との関係が希薄になりがちで、孤独死の不安もぬぐえないため、比較的要介護度の低い段階で施設に入所することがある。しかし、独居高齢者の調査で分かったことは、やはり住み慣れた地域で最期まで暮らしたいという本音であった。そこで策定委員会が八頭町に提案したのは、迷惑資源である空き家を改修・活用する「ケア付き共同住宅」というアイデアである。

1軒あたり5人程度が入居する小規模で多機能な「ケア付き共同住宅」が身近にあれば、馴染みの人間関係を維持したまま24時間の見守りや介護・医療などの必要なケアを受けることができるうえ、施設入所にかかるコストを減らして介護保険制度の持続可能性を高めることができる。あるいは、散在する独居高齢者が一カ所で暮らすことで、訪問系の医療・介護サービスのコストダウンに貢献することもできる。運営においては、地区の福祉推進組織や社会福祉協議会、医療機関や福祉施設との連携で地域包括ケア体制が構築されるため、共同住宅でも施設に匹敵するケアが提供可能になるなど利点は大きい。

これは住民主体の設立・運営を基本とするが、福祉の枠外のサービスのため、経営が不安定になりやすい。そこで鳥取県は、2012年度より「地域コミュニティホーム」という名称でモデル事業を開始し、上記のコンセプトに合致するケア付き共同住宅づくりについて、1件当たり3年間で1,200万円の補助を行うことになった。本事業は始まったばかりで今後様々な試行錯誤を要すると思われるが、県と市町村が連携して共同住宅づくりを支援する珍しい取り組みであるため、今後は鳥取発のケアモデルとして大きく注目されるかもしれない。

【参考文献】

1） 杉山博昭（2001）：戦前における農村社会事業の展開過程、純心人文研究7、長崎純心大学、pp. 71-85

2） 高橋典成、金持伸子（2009）：医療・福祉の沢内と地域演劇の湯田―岩手県西和賀町のまちづくり、東信堂、pp. 15-38

3） 八頭町（2012）：八頭町地域福祉計画―みんなで支えあい安心して暮らせる福祉のまちづくり

2・2　「担い手」から見る森林利活用の地域経済システム

家中　茂

1　むらの空洞化と森林荒廃

過疎化・少子高齢化が進行する農山村においては、持続的社会形成のための「担い手」をどこに求めるかということが大きな課題である。以下では、鳥取県智頭（ちづ）町における「木の宿場（やど）」事業という取り組みを取り上げて、この課題について考えてみたい。

農山村を取り巻く状況として、「人の空洞化」「土地の空洞化」「むらの空洞化」、すなわち、人口の社会減少による過疎化、管理放棄による農林地の荒廃、高齢化の進行による集落機能の脆弱化（限界集落化）が進行していることは、幾年も前から指摘されてきた。これらの問題を引きおこした原因については様々な社会経済的な要因を考えることができるが、「担い手」に目を向けてみると、この三つの空洞化のもっとも根底にあるのは「誇りの空洞化」であるといわれる[1)]。

たとえば、「うちの子にはここには残ってほしくなかった」「いまの若い者はこんなところに住まない。都会に出るのが当たり前だろう」という村人の言葉のなかに、それが表れているという。

一方、厳しい状況ながら、このような空洞化を乗り越えようとする取り組みも各地で見られるようになっている。‘ないものねだり’から‘あるもの探し’へという「地元学」や、足下の宝を見つめて暮らしをデザインする「復古創新」などがその代表的なものだろう[2、3)]。これらは、あらかじめ設定された基準に自分たちをあてはめて優劣を競ったり、生産力の拡大を最重要課題としてそれに適合しないものを打ち捨ててきたことへの反省から、「暮らしのものさしづくり」や「小さな経済」を重要視した取り組みとなっている。

ここで取り上げる鳥取県智頭町における「木の宿場」事業も、月々数万円の副収入をもたらす「小さな経済」の創出であり、地域通貨をもちいた間伐促進および林地残材収集運搬の社会的仕組みづくりである。

経済効率性だけを考えれば、見向きもされてこなかったのが間伐施業であり、それゆえ、森林が放置され荒廃していったのである。いいかえると、森林荒廃とは「むらの空洞化」の一側面として捉えることができる。これに対して「木の宿場」事業では、森林整備に取り組む「山の仲間づくり」が目指されている。そのことで、森林の共有財（コモンズ）としての価値を再創造する[4]とともに、自らに森林保全の「担い手としての誇り」を取り戻そうとしているのである。

2 鳥取県智頭町「木の宿場」事業の取り組み

智頭町は鳥取県東南部、岡山県と県境を接する山村である。色鮮やかで木目のきれいな「智頭杉」で知られる伝統的林業地であり、森林が町面積の93%を占めている。2012年3月1日現在の人口は7,991人、世帯は2,744であり、高齢化率は34%である。2011年度末には六つあった小学校が一つに統廃合されたように、過疎化・少子高齢化が進展している。一方、このような状況に対処するために、長年にわたって住民自治を推進する「日本1／0（ゼロ分のイチ）村づくり運動」が取り組まれており[5, 6]、近年は住民による施策の提案を公開で審議する「百人委員会」が設けられるなど、住民主導の地域づくりで注目されている。ここでとりあげる「木の宿場」事業も、百人委員会農林部会の提案に応じて実行委員会が組織され、実施に移されることになった。

(1)「C材で晩酌を！」―NPO「土佐の森・救援隊」の先駆的取り組み

過疎化が進展する農山村では、森林に対する人々の働きかけが失われ、放置林が広がっている。間伐が施されない森林は日が差し込まないため植生が貧しく、保水能力に乏しくなり、また、降雨による土壌流出も甚だしく、ときに豪雨にともなう崩壊が起きることさえある。このような森林荒廃の一因として木材価格の低迷があげられ、間伐しようにもその人件費さえ出ないとさえいわれる。間伐促進のインセンティブとして行政による補助制度が設けられてはいるものの、あまり有効に機能していない。

智頭町においても事態は同様であったが、その打開のうえで大きな手がかりとなったのが、高知県仁淀（によど）川流域におけるNPO法人「土佐の森・救援隊」の活動である（図1、2)。「C材で晩酌を！」というその取り組みは、林地残材の収集運搬のための次のような仕組みである[7)]。

建材用（A材）や合板・集成材用（B材）に適さない端材・林地残材（C材)を木質バイオマスプラントに軽トラックなどで搬入すると、対価として1トンあたり3,000円と、それに加えて環境支払いとして地域通貨「モリ券」3枚（登録商店にて1枚で1,000円相当の商品と交換可能）を受け取ることができる。すなわち、1トンあたり6,000円の収入となる。人を雇っては経営

図1　C材で晩酌を！
(提供:NPO「土佐の森・救援隊」)

的に成り立たないが、自分で自分の山を手入れするのであれば、そこそこの収入となるという「小さな経済」の創出である。このようにして林地残材の出荷者に月々数万円の副収入をもたらすことになり、なかには月20万円近くの収入をあげる者も現れるようになった。

NPO「土佐の森・救援隊」の提案は、かつては当たり前だった「自分の山は自分で管理する」「自分ひとりで管理できなければ寄り合い（協働・地域コミュニティ力）で助け合う」という自伐的林業の勧めであり、農山村住民はもちろんのこと都市住民にも広く呼びかけて、森林組合や素材生産業者に施業委託していた森林整備を自らの生業として取り戻していくことであった。そのことによって、現在、全国でわずか5万人弱といわれる専業林家（森林組合や素材生産業者、大規模山林所有者が大半を占める）だけが森林にかかわる林業構造を、多数の小規模山林所有者も含めた本来の健全な林業構造へ転換していこうというのである（図3）。すなわち、森林再生を、森林と人々の関係の再創造をつうじて達成する取り組みといえる。

事業に先立って、NPO「土佐の森・救援隊」は、仁淀川上流域の住民全世

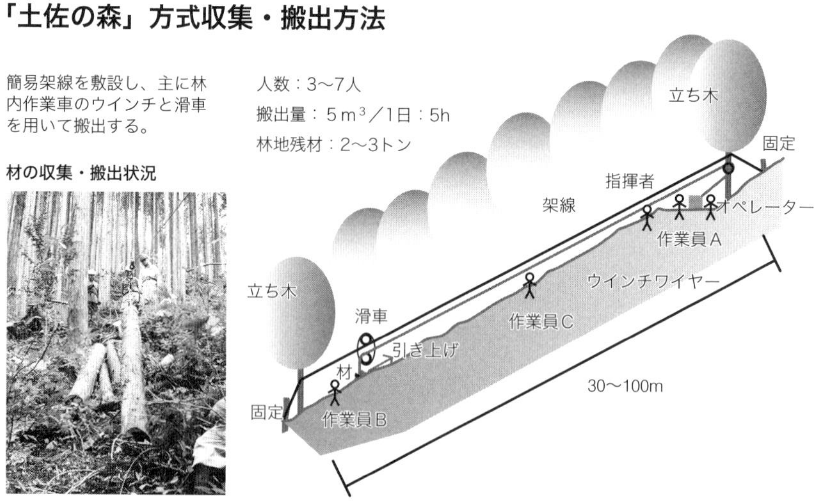

図2　「土佐の森」方式軽架線
（提供：NPO「土佐の森・救援隊」）

帯を対象にアンケート調査を実施し、次のような興味深い結果を得ていた。不在地主が多いと一般的にいわれるにもかかわらず、山林所有者の大半は地域に住んでおり、しかも、その6割が「自らの山で間伐し、搬出し、収入にしたい」という思いを抱いていたのである。このような小規模分散型の山林所有者のなかに自伐的林業の潜在的な可能性を見出し、農山村住民であれば誰でも持っているチェーンソーと軽トラックをつかった林地残材収集運搬の仕組みを構築したのが「C材で晩酌を！」事業であった。高性能機械を導入して経済効率を追求するのではなくて、まさに「担い手」に着眼した点が決定的に重要である。

「森林・林業再生プラン」（2009年12月）に見られるように「大規模化」「専業化」を推進しようとする政府の方針に欠落しているのが、このような「担い手」や「生活者」へのまなざしである。近年の「農産物直売所」の隆盛についても同様なことがいえる。年間売り上げ1兆円に迫る勢いを見せる「農産物直売所」も、「大規模化」「専業化」を目指す政府の施策の対象外とされてきた女性や高齢者によって担われてきたことを忘れてはならないだろう[8)]。

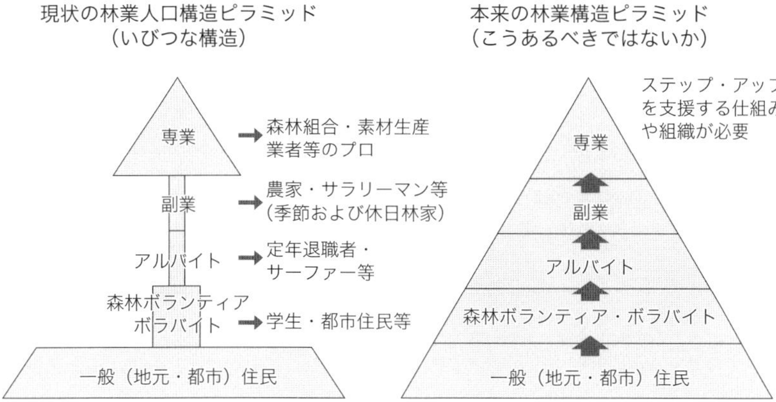

図3　林業構造
（提供：NPO「土佐の森・救援隊」）

(2)「木の宿場」事業の仕組みと経緯

智頭町において実施された間伐促進および林地残材収集運搬の仕組みは概念図（図4）のとおりである。その仕組みの構築にあたっては、直接「土佐の森」方式を導入するのではなく、「土佐の森」方式を地域の事情にあわせて改良した岐阜県恵那市中野方（なかのほう）の「木の駅」事業をモデルとしている。NPO「土佐の森・救援隊」による「C材で晩酌を！」事業の背景にはNEDO（独立行政法人新エネルギー産業技術総合開発機構）による「バイオマスエネルギー地域システム化実験事業」があったが、そのような大型プロジェクトがない地域であっても、その仕組みを実現できるようにモデル化し、さらに普及しやすいようにマニュアル化したのが、恵那市中野方の「木の駅」事業である[9]。「木の駅」という呼称は農産物直売所のある「道の駅」にならったもので、先述のように、政府が推進する大規模化・専業化そして規格化の施策から見落とされた人々の層にむしろ、森林再生の「担い手」を見出そうとする

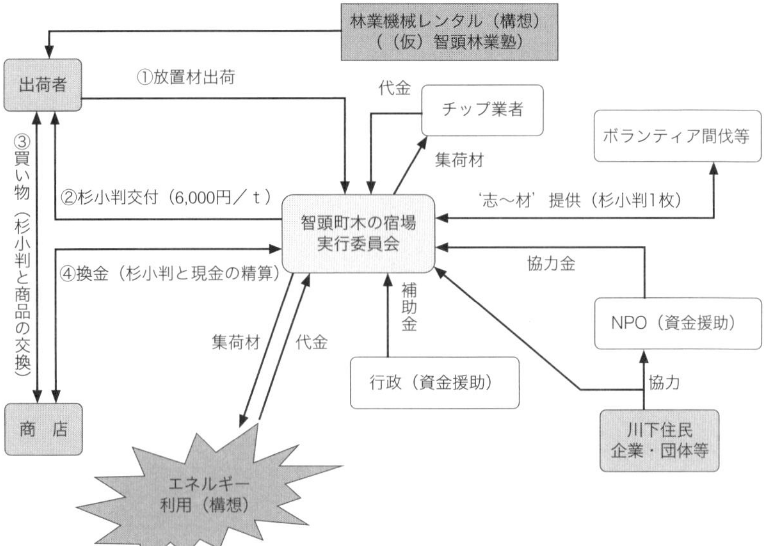

図4　「木の宿場」事業の概念図
（提供：智頭町山村再生課）

発想にもとづいている（智頭の「木の宿場」という呼称は上方往来の宿場町として栄えた歴史にちなむ）。というのも、智頭町でも5ha以下の小規模分散型の山林所有者が約6割を占めるからである。

図4に戻ろう（以下、括弧内の番号は図中の矢印の番号）。「木の宿場」事業に参加する出荷者は、登録を済ませた後（登録は軽トラックの所有者名義。複数人数のグループでの取り組みの場合は、その代表者の軽トラック名義で登録）、間伐後の林地残材（放置材）を「土場」（町内3カ所に設置した出荷場所）へ持ち込む（①）。その際、出荷者は、定められた用紙に材の太さ・長さ・本数を記しておく（体積単位で記録し、あとで重量換算）。そのデータをもとに、「木の宿場」実行委員会の窓口で（第三セクターが担当）、地域通貨「杉小判」（図5）に交換する（②）。換算は1トンあたり6,000円であり、1枚あたり1,000円相当の「杉小判」6枚との交換となる。

出荷者は、この「杉小判」をもちいて智頭町内の登録商店にて買い物ができる（③）。すなわち、杉小判1枚あたり1,000円相当の商品と交換することができる。ただし、1,000円以下の商品と交換しても、その差額を釣り銭として受け取ることはできない（釣り銭相当額は実行委員会への寄付とする）。商店は、商品と交換して得た「杉小判」を「木の宿場」実行委員会の窓口にて精算・換金する（④）。

一方、「土場」に集積した林地残材はチップ業者によって買い取られ、その代価のトンあたり3,000円が地域通貨の原資に充てられる。トンあたり6,000円が地域通貨の原資として必要であるから、残り3,000円に対しては、2010年度は智頭町から補助2,000円とNPOから社会実験費用1,000円があてられた。

図5 「杉小判」（2011年度）
（提供：智頭町山村再生課）

次に2010年度に実施した社会実験の実績について見ておこう[注1]。社会実験事業の実施期間は、林地残材集荷実験として2010年10月

16日から11月14日まで（約1ヶ月間）であり（図6)、地域通貨流通実験として2010年10月16日から11月28日までであった。登録出荷者数は29名、地域通貨取り扱い商店は26店舗である。出荷量は196.67トン、地域通貨発行枚数は864枚となった（そのうち登録者による出荷は141.16トンであり、地域通貨発行枚数は839枚であった。ボランティアによる出荷量は55.51トンであり、地域通貨発行枚数は25枚であった。ボランティアは出荷量にかかわらず、1日あたり1枚としている)。当初予定の補助対象が150トンであったことからしても予想以上の反響があったと捉えてよいだろう。

智頭町における出荷者の分布は、2010年度社会実験では、町内六つの大字地区（小学校区）のなかの5地区にわたり、富沢4名、那岐7名、土師5名、山形8名、山郷5名であった。先述したように、この登録は、グループで取り組む場合はその代表者の登録となっており、取り組んだ住民の総数を表しているわけではない。財産区として、芦津財産区、山郷財産区の取り組みがあり、また、富沢地区では若者グループの取り組みもあった。

地域通貨取り扱い商店（登録店舗）26の業種の分布については、飲食店6、食料品店4、服飾品店3、その他13となっている（その他の業種としては、靴屋、生花店、酒屋、電気屋、美容院、家具店、書店、和菓子店など多様である)。取り扱いの多かったのは食料品店であり、また、ふだん利用しないが(町内の店舗ではなく、町外の低価格で購入可能な店舗を利用することが多いが）この機会に購入というケースが見られた。

図6 「木の宿場」出発式
(提供:智頭町山村再生課)

社会実験終了後に出荷者に対して実施されたアンケートによって[10]、この「木の宿場」事業が出荷者にどのように受けとめられたかを見ておこう。

まず、「『木の宿場』事業に参加して、林地残材を出荷してよかったことは何か」という質問に対して、「山がきれいになった」という回答がもっとも多く、次に「短い材でも出荷できるのがよい」という回答が続いた。このことから、間伐後の林地残材の一掃という点で効果があることがわかる。また、「杉小判（地域通貨）を何に使ったか」という質問に対しては、①食料品、②家電、③衣服と続き、とくに「複数で参加した場合にどのように使ったか」という質問に対しては、①メンバー全員で飲み会・食事会、②労働に見合うように分配、③平等に分配という回答であった。そして、「杉小判（「木の宿場」事業）で何がよかったか」という質問に対しては、①町内の活性化につながる、②簡単に使えてよい、③いろいろ買い物ができた、④商店の方に喜ばれた、⑤テレビや報道で有名になった、などがあげられている。

なお、自伐林家的な施業にもとづいて木材市場への出荷経験がある者と今回の社会実験を機にグループで初めて出荷する者の違いも見える。前者は自分の山や知人の山から自分で伐採した材を出荷した場合が多いのに対し、後者は財産区などの山からすでに切り捨てられている材を出荷した場合が多い。

事業を継続していくうえで、次のことが検討課題としてあげられている。①参加者の裾野の拡大、②作業道・林道から離れた地点の材の搬出方法、③「森林・林業再生プラン」にもとづき、小規模分散している森林を集団化・団地化して規模拡大するために2012年から実施された国の補助制度への対応、④林地残材・間伐材の利用先の開拓、⑤地域通貨の原資の確保、補助金に頼らない材の買い取り資金の創出、である。①、②については、作業道づくり・路網整備[11)]や「土佐の森」方式軽架線による搬出（図2参照）などを含む自伐林家養成講座などが、③については、大規模化を前提として地域の小規模山林所有者の実情をふまえていない施策自体の見直し、自治体独自の補助制度の創設などが考えられる[注2]。地域通貨によるこの仕組みを動かし続けるには、とくに④、⑤が大きな課題である。

地域通貨の原資のうち、チップ業者による買い取り分以外をいつまでも行政の補助に頼っているわけにはいかない。そこで、薪ストーブ・薪ボイラーなどの需要を創り出していくことも大切だろう。NPO「土佐の森・救援隊」でも地域福祉を視野に入れた「薪の宅配」事業に取り組んでいる。地区内の公共施設の補助ボイラーとして薪ボイラーを導入している例も各地で見られるようになってきた。小規模・中規模水力発電と木質バイオマスの熱利用を組み合わせた事業の可能性もあるだろう。いずれにせよ、今後、薪利用を支える流通に見られるような「ローカルなマーケット」の基盤が形成されていくことが重要と思われる。また、岐阜県で2012年度より恵那市の「木の駅」事業への補助金の半額を森林環境税で補助することにしたように、「森林環境税」を地域通貨の原資にあてることも考えられるだろう。

3 生業の復権——山の生業複合へ向けて

数千万円もする高性能機械を導入せずとも、網状に作業道を張り巡らせ、山の手入れをしている人々がいる。森林組合への委託施業や集約施業は15～20年に1回が一般的なのに対して、これらの人々は自分の山に頻繁に入って整備し、毎年継続して収入を得ており、その結果、おのずと長伐期施業化しているという。何より自分の山であるために愛情がこもる。いわば「森づくり・山づくり」業であり、数十年から百年以上にわたって間伐を繰り返しながら大径木を育てている。森林の多面的機能や生態系サービスは、このような施業にもとづいてこそ最大限に引き出されるといってよいだろう。

NPO「土佐の森・救援隊」が手がかりにしたのは、このような「小規模自伐林家」の存在である。小規模自伐林家は、林業を副業としていたり、林業以外の副業をもっている場合が多く、季節や立地に合わせて林業やその他を組み合わせて生業としている。その「複合化」の度合いに応じて、「副業的自伐林家」「百業的自伐林家」「専業的自伐林家」と類型化することもできる[12]。いいかえると、NPO「土佐の森・救援隊」が目指しているのは、林地残材収集運搬にとどまらず、「土佐の森」方式とでも呼べるこのような「自伐林家的森業」の創出なのである。

もともと山の生業とは多様な生業が複合されたものであった。すなわち、「実態としての山の生業は、焼畑だけはなく稲作もおこなっているし、また山の豊かな資源に依存した採集活動や漁撈・狩猟もあり、また換金を目的としての畑作（商品作栽培）や出稼ぎなどの賃労働もいち早く山の生業の中では重要視されてきた。そういったものを多様にそして並立的に複合させることが山の生業の基本」[13] なのである。智頭町でも現在、「木の宿場」事業の実績をもとに「智頭百業学校」の構想がうまれてきている。それが目指しているのは、ここに示したように、「半業」や「副業」という「小さな経済」の創出をつうじて「生業複合」という農山村における暮らしのスタイルを取り戻すことである。

冒頭で、現代農山村をおおっている「誇りの空洞化」に注目した。ここで取り上げた智頭町における、地域通貨をもちいた間伐促進および林地残材収集運搬の社会的仕組みづくりは、それを克服しようとする取り組みの一つである。そこで最後に、持続的過疎社会における「担い手」形成という問題関心から、「木の宿場」事業が目指す「森の仲間づくり」をつうじた森林再生の意味するところを考えてみたい。

「木の宿場」事業が取り入れた「C 材で晩酌を！」という NPO「土佐の森・救援隊」発案による間伐促進および林地残材収集運搬の仕組みの特徴は、森林整備のためには、農山村住民であれば誰でも持っているチェーンソーと軽トラックで用が足りるということである。それは「担い手」に着眼している点で、経済効率性追求のために大規模化・ハイテクノロジー化を推進する国の施策と対照的であった。ここで注意を喚起しておきたいことは、この仕組みが「チェーンソーと軽トラック」というローテクノロジーで構築されているという点である。それは、この仕組みがそれ支える基盤として社会関係を重視しているということ、すなわち「社会関係資本」が豊富に備わっていることに依拠した仕組みであることを示している。同時に、「地域通貨」に媒介されることで、共有財（コモンズ）としての本来の機能を喪失していた森林の価値が、あらためて人々の間で流通するようになった点にも注目しておく必要がある。

「むらの空洞化」と森林荒廃が表裏一体として進行している現代農山村において、「木の宿場」事業が目指している「山の仲間づくり」とは、「小さな経済」の創出をとおして山仕事に対する「誇り」を取り戻し、担い手を呼び戻すという意味で「生業の復権」として捉えられるのである。

【注釈】

［1］2011年度の実施期間は5月21日から12月31日までであり、その実績は、出荷者40名、地域通貨取り扱い商店40店舗、出荷量480トン、地域通貨発行枚数1,886枚であった。地域通貨6,000円の原資の内訳は、チップ材の代金3,000円と町の補助2,500円、ボランティアやNPOの協力金500円であった。

［2］智頭町では、百人委員会での住民からの提案に応じて、国が補助の対象としない5ha以下の山林所有者の林地残材搬出を促進するために、2012年度に独自の補助制度を設けた。

【参考文献】

1）小田切徳美（2009）：農山村再生―「限界集落」問題を超えて、岩波書店

2）吉本哲郎（2008）：地元学をはじめよう、岩波書店

3）松場登美（2009）：群言堂の根のある暮らし―しあわせな田舎石見銀山から、家の光協会

4）家中茂（2009）：日本のむらの「所有の本源性」と弱者生活権、現代森林ボランティア、増刊現代農業2009年8月号、特集：農家発若者発グリーン・ニューディール―地域創造の実践と提案、農山漁村文化協会

5）岡田憲夫、杉万俊夫、平塚伸治、河原利和（2000）：地域からの挑戦―鳥取県・智頭町の「くに」おこし、岩波書店

6）小田切徳美（2004）：自立した農山漁村地域をつくる、大森彌、卯月盛夫、北沢猛、小田切徳美、辻琢也；自立と協働によるまちづくり読本―自治「再」発見、ぎょうせい

7）中嶋健造編著（2012）：バイオマス材収入から始める副業的自伐林業、全国林業改良普及会

8）季刊地域編集部（2012）：なぜ今、「後継者が育つ直売所」？、季刊地域 第8号、農山漁村文化協会

9）丹羽健司（2012）：木の駅プロジェクトで山の誇りと自治を再生する―岐阜県恵那市、鳥取県智頭町の取り組みから、中嶋前掲書

10）谷口晋一（2012）：木の駅プロジェクトの可能性―林地残材・地域通貨を利用した山村の活性化、鳥取環境大学大学院修士論文

11）大橋慶三郎（2011）：作業道―路網計画とルート選定、全国林業改良普及会
同（2007）：写真図解 作業道づくり、全国林業改良普及会

12）中嶋前掲書

13）安室知（2008）：生業の民俗学―複合生業論の試み―、国立歴史民俗学博物館編；生業から見る日本史―新しい歴史学の射程、pp. 235-236

2･3　新しい林業への脱皮に向けた「森林認証」

永松　大

1　手入れされない人工林

林業はかつて、中山間地域の主要な産業の一つであった。しかし、戦後の燃料革命やその後の木材価格の低迷など社会情勢の変化とともに衰退し、往時のおもかげはみられなくなった。我が国では森林面積の6割、人工林に限れば面積の7割が、個人林家や会社等が管理する私有林である[1)]。個々の森林所有者が森林管理に果たすべき役割は大きいが、1･2節で詳しく分析されているように、森林所有者の森林への関心は低下してきた。特に山林を保有する林家の9割を占める10ha未満の小規模林家の施業意欲が低い傾向が指摘されている[1)]。このような森林所有者の意欲低下とともに、全国で人工林の間伐遅れなどの施業停滞問題が顕在化している。人工林の手入れ不足は、水源涵養、災害防止、生物多様性保全といった森林の公益的機能にも悪影響を与えている。

森林組合は、森林組合法に基づく森林所有者の共同組織である。組合員に対して、森林施業の受託、森林施業計画の策定、林産物の生産・販売・加工等を行っている。組合員所有の森林面積は民有林全体(都道府県有林を除く)の2／3に達し、2010年に全国で委託された森林作業のうち、植林、下刈り、間伐面積のそれぞれ5割以上を受託する[1)]など、森林組合は、国内の森林整備における中心的な担い手となっている。森林所有者の不在村化や高齢化、世代交代が進むにつれ、自ら施業ができない森林所有者が増加しており、組合による森林管理に対するニーズは幅広くなってきている。農林水産省が行った調査によれば、森林組合に期待する役割として、森林に係わる計画策定、森林の管理経営、長期にわたる各種作業の一括引き受けなどを望む回答が多い[1)]。造林作業が減少しているため、森林組合が雇用する労働者数は近年減少しているが、森林という中山間地の地域資源を活用できる貴重な産業として、林業が果たすべき役割は大きい。中山間地域の活性化のためには、森林組合のような林業の中心的な担い手の活性化、近代化が重要である。

2 林業再生の手立てとしての「森林認証」

このように森林組合には、地域における森林整備や林業政策の窓口・受け皿、林業振興の主体としての役割が期待されている。しかし現実の森林組合は財務内容や業務執行体制が脆弱なことが多く、国・都道府県からの補助金や制度融資の取り扱いが中心業務の組合もある[2)]。そこまで極端でなくとも、近年、事業量の減少に苦しむ森林組合は多く、地元自治体の協力による「公共事業中心型」の事業構造が指摘されている[2)]。現在の森林組合には「森林管理体制」「国産材安定供給」「経営刷新」が共通の課題である。

これからの林業経営体には、低コストで安定した素材生産に加えて、水源涵養機能の発揮や災害軽減、生物多様性の維持増進、レクリエーション機能の充実など公益的機能を重視した森林管理が望まれる。また、持続的発展のために、販売先の多様化と製品の高度化、環境教育の実施など、川下にまで視野を広げた魅力ある姿も待望されている。中山間地林業の中心的な担い手として地域を牽引していくにふさわしい、新しい森林組合への変革が求められている。

採算性が悪化して林業が衰退し、森林の管理が不足する現状に対して、林野庁は林業復興への手だてとして「森林・林業再生プラン」を2009年に策定した。これは、「意欲と能力を有するものが、森林経営の受託等を通じて、面的なまとまりをもって計画的に森林施業をおこなう」ことを推進する制度である。しかし、単に制度を整備するだけでは林業再生には不十分で、これに加え林業経営体のやる気を引き出す外部からの継続的な刺激の仕組みが望まれる。このような取り組みとして、森林からの木材生産が環境に配慮しながら持続可能な状態で行われているか、その木材を使って適切に生産・加工が行われているか、を第三者機関が評価・認証する「森林認証」制度の活用が考えられる。

世界には国際的、あるいは国ごとに多くの森林認証制度が存在する。この中で全世界の森林を対象としたForest Stewardship Council®（森林管理協議会）の森林認証制度（以下、「FSC森林認証」と呼ぶ）は、厳格な書類審査と現地審査による定期的な認証チェックのシステムにより、政府やNGO、産業界からの信頼が高い。FSC森林認証を取得した経営体は製品にFSCマークを使用できる。このマークが入った製品を消費者が選択的に購入することにより、適切な森林管理を行っている林業経営体が支援され、消費者が森林保全に間接的に関与できる仕組みになっている（図1）。

FSC森林認証の取得には、林業経営体のイメージ向上やPR効果、グリーン購入法対応などの直接的効果がある。これに加えて、認証取得と維持のために認証団体から求められる要求事項への対応を通じて、林業経営体全体の体質改善、林業従事者の意識改革をうながす間接的な効果も想定される。意識改革の効果はすぐに利益をうむものではないが、林業再生を持続的に支える重要な要素となりうる。

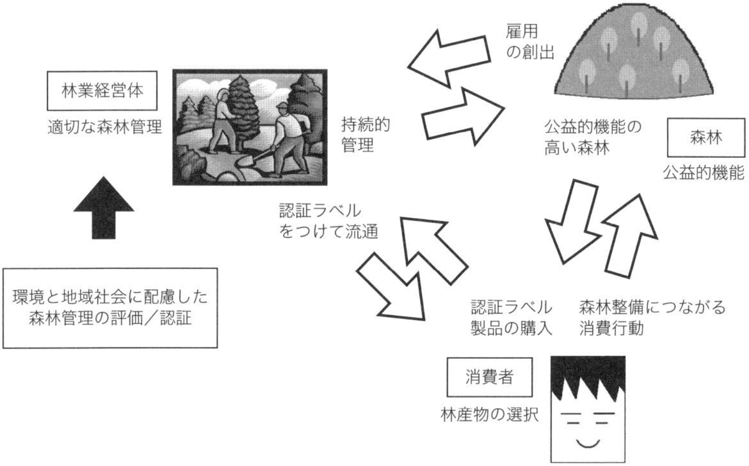

図1　森林認証制度の仕組み

以下では、鳥取県日南町を対象に、林業再生を念頭においた日南町森林組合の森林認証取得の取り組みについて紹介する。決して理想的な展開ではなく道半ばの状態でもあるが、かえって参考になる点は多いと思われる。これまでの経過を紹介するとともに、課題の抽出や有効性を検証する。

3 林業経営体による森林認証取得への取り組み

日南町は、2005年4月に施行された地域再生法に基づき、国からの支援が得られる「地域再生計画」の認定を受けた（2005年7月認定、計画名称：地球環境にやさしい新森林業の形成）[3)]。計画の柱は、1）木質バイオマスエネルギーの活用推進、2）林業の振興、3）木材工業団地の形成、4）町道・林道を中心とする道路交通網の整備である。まずは町内の森林資源活用による高付加価値の木材製品生産が指向され、2006年1月、町内の森林所有者が中心となって株式会社オロチが設立された。オロチの中心事業は、日南町のスギ材を使って住宅などの柱や梁、下地材になる単板積層材（LVL）を製造・販売することである。

これに加えて、地域再生計画における重要な取り組みが、町内の森林から持続的に安定してスギ材を生産し、オロチに木材を供給することである。ここで、日南町森林組合によるFSC森林認証取得が浮上した。FSC森林認証の取得には、森林が環境的、社会的、経済的に適切に管理される必要がある。日南町森林組合がこれを実現し、認証を取得することで、持続可能な森林経営が実現されることが期待された。同時に、森林認証の取得により日南町内で生産される木材関連製品の付加価値が高まり、地域再生計画が推進されることもあわせて期待された。

日南町森林組合は、約1,500人の組合員で構成され日南町内の森林管理を行っている。日南町内の民有林総面積2万8,920haに対して、組合員の所有面積は1万4,594ha、常勤の役職員数は12名である。林野庁の「平成21年度森林組合統計」[4)] によれば、全国692森林組合の単純平均規模は、組合員所有森林面積が1万5,930ha、常勤の役職員数11.1人で、日南町森林組合の規模はこれに非常に近い。同統計からは、組合員所有森林面積1万ha未満、常勤の役職員数6人以下という小規模の組合が日本の森林組合の4割以上を占めることも読み取れる。この点からは日南町森林組合が必ずしも日本の森林組合の平均像とはいえないが、特に恵まれているわけでもない中規模の組合とみることができる。

前述の動きを受けて、日南町森林組合では2005年にFSC森林認証取得の検討が開始された。当初計画では、鳥取県の関係部局、日南町役場、そして鳥取大学の協力のもと、2006年度中に認証を取得することが目標とされた。筆者はこの段階から検討に加わりはじめ、2006年5月から日南町森林組合と一緒に森林認証の取得に取り組むことになった。

この時点で日南町森林組合が認証取得のメリットとして考えていた事項を整理すると次のようになる。1）森林管理方針の明確化－認証取得を機に、FSC森林認証の考え方を取り入れながら、目標とする森林の姿、実現するための施業方針を明確化する。これにより今後の森林管理方針について組合員、日南町、森林組合間の意識統一をおこなう。2）製品の差別化－森林管理（FM）と製材加工過程（CoC）両方の認証を取得して製品にFSCロゴマークをつけ、「適切に管理された森林から生産された製品」として他の製品との差別化をはかる。3）効率化と労働安全の向上－施業の集団化と道路網整備、高性能林業機械の導入などにより作業を効率化するとともに作業の安全基準レベルを引き上げ、森林作業の安全性を向上させる。4）健全な森林の育成－台風などの災害に強く、生物多様性など公益的機能の高い森林を育成する。5）森林組合の付加価値向上－認証取得により、注目を集める広告宣伝効果や職員、作業員の意識向上をはかる。

「製品の差別化」という経済的メリットも重要ではあるが、ここでは当初から森林認証による森林組合自体の改革が指向されている点に注目したい。FSC森林認証による経済的メリットは現状ではなかなか得られない。森林認証の取得・維持のための要求事項によって日常業務の進め方が変更され、管理方針、作業安全や環境保全の面での意識の向上をねらった日南町森林組合の森林認証への取り組みは、持続的生産、健康な森の維持、地域社会への貢献という現代林業に要求される観点から構想された計画という点で優れている。

しかし、森林認証の取得作業は当初計画どおりにはすすまなかった。原因を個別にみると、まずはグループメンバーのとりまとめが進まなかったことがあげられる。FSC 森林認証の形態には、単一の管理者・所有者が取得する「単独認証」と、複数の森林所有者が認証を取得する「グループ認証」がある。森林組合で森林認証を取得する場合、認証に参加する複数の組合員が「グループメンバー」、森林組合がこれを統括する「グループマネージャー」としてグループ認証を受けることになる。グループメンバーを集めるには、森林認証制度に関する組合員への丁寧な説明が必要となる。例えば、2005 年に FSC 森林認証を取得した、かが森林組合（石川県小松市）では集落単位の林産組合長制度が整備されており、森林認証制度の説明にあたってもこの組織が活用された。同様に 2006 年に取得した西粟倉森林組合（岡山県西粟倉村、当初；現在は西粟倉村がグループマネージャー）では、村が「100 年の森構想」をかかげ、所有者と森林組合との三者で長期の森林管理協定を結ぶことで、認証への参加者を増やした。日南町では、参加書類や組合内の準備が停滞したことなどから、認証に参加するグループメンバーのとりまとめが進まなかった。

2 番目に書類整備の停滞があった。FSC 森林認証で重視される各種記録類、例えば契約書類、売買記録、同意書、作業マニュアル、訓練マニュアル、環境影響軽減マニュアル、研修記録などの中には、組合内でそれまで存在していなかったものも多く、日々の業務の中その整備はなかなか進まなかった。森林管理方針や施業計画を盛り込んだもっとも重要な森林管理計画書の作成はさらに難しく、認証審査は先延ばしとなっていった。

これらは森林組合内部（と筆者）の森林認証制度への理解不足によるところが大きかった。森林管理計画書や各種マニュアル、研修記録に盛り込むべき内容など、書類整備の入口で戸惑い、何からどう進めていくべきかがつかめなかった。転機は、森林認証制度の勉強会で 2008 年 10 月に美作森林組合西粟倉事業所（取得時は西粟倉森林組合）を訪問したことであった。森林管理計画書や各種マニュアルについて詳しい話をうかがうことができ、日南町森林組合の担当者と筆者の具体的理解が飛躍的に進んだ。これを機に認証準備が加速し、事前審査、本審査を経て、2010 年 3 月の認証取得に至った。当初計画から 3 年遅れとなったが、日南町森林組合では認証取得に向けて体勢を整える準備期間に 3 年が必要だった、この 3 年で組合の変革が始まったという見方もできる。

日南町森林組合の FSC 森林認証取得は国内 31 番目、認証林面積は 2,616ha である。認証取得に至るまでの日南町森林組合の努力は高く評価できる。しかし認証はされたものの、課題が山積していたのも事実である。日南町森林組合の認証には、期限までに早急に改善を報告すべき「条件」が 6 件、期限はつかないが改善が必要な「推奨事項」が 19 件、年次監査で継続的にチェックが行われる「観察事項」が 9 件、計 34 件の改善要求事項がつけられた。この改善要求事項数は同じ担当認証団体による他の認証例と比べてかなり多い[5)]。これは、国際的な基準からみて、日南町森林組合の業務の進め方や森林管理の計画に改善すべき点が多いことを示している。さらに、認証を急ぐため、グループメンバーは日南町有林と 2 件の大規模な個人所有林だけとなった。組合員の参加の広がりに欠ける点も課題であった。

4 課題の克服と森林認証の活用

認証時に改善すべき条件としてあげられたのは、作業マニュアル類の不備、安全講習の記録不備、安全装備リストの整備と使用の徹底、作業員への教育訓練の実施などが多かった。これらはいずれも FSC 森林認証の根幹にかかわるものではあるが、事務的な改善が可能な事項であり、日南町森林組合でも、担当者らの努力により一つ一つ改善がはかられつつある。このほかにも 2010 年 10 月の第 1 回および 2011 年 10 月の第 2 回年次監査で認証審査員から不適合事項の指摘が新たに追加されている。この中で、担当者の他に森林組合内で森林認証への理解が広がっていない点が指摘された。これは筆者も感じていた要改善点であった。FSC 森林認証の窓口となる職員はもちろん必要だが、森林組合内や組合員の間の森林認証に対する理解を深めないと、

FSC森林認証の真の効果は現れない。指摘事項への対応を通じて、少しずつFSC森林認証の精神が日南町森林組合と認証のグループメンバー、および地域社会に浸透し、時間はかかっても深みのある強固な取り組みとなることが期待される。

筆者は当初、日南町森林組合の認証取得に関して自らの専門を活かした自然科学面から貢献することを考えた。この面から、森林管理における環境配慮でまず必要となる、守るべき「保護価値の高い森林」を日南町で抽出した[6)]。しかし、より必要とされていた支援は認証効果の発揮に向けた問題であった。この面から地元の森林認証制度に関する理解度をさぐるため、日南町の協力をえて主に林業関係者が集まる場で小規模ながらアンケート調査をおこなった[7)]。時期は日南町森林組合のFSC森林認証取得から約1年が経った2011年1月である。以下では、この結果について紹介する。

アンケートは行政や林業関係者が多く参加した地元のシンポジウム会場で行った。筆者がFSC森林認証に関する講演を行ったあとに回答してもらった。回答者は34名で、50～60歳台の男性が多く、日南町内から17名、町外から17名と半々であった。地元とそれ以外での認知度の違いを探るため、住所属性をもとに解析をすすめた。

FSC森林認証制度については、日南町内に住む17人のうち「知らなかった」と答えたのは2人のみで、日南町外よりも明らかに知名度が高かった（図2）。

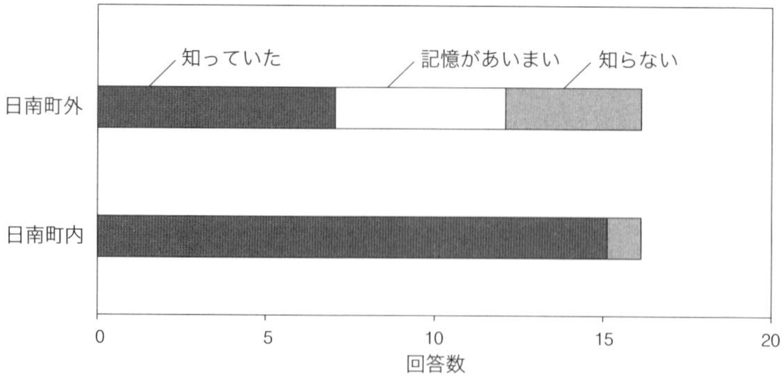

図2　居住地によるFSC森林認証の知名度

日南町内で、FSC 森林認証の広報が進んでいることが認められた。ただしFSC ラベルのついた認証商品を実際に見た人は半数に届かなかった。実際に流通している商品として消費者の目に入りやすいのは、パンフレット・カタログ類や用紙などの紙製品であるが、アンケートでは、見たことのある具体的な商品として、机、家具、柱材、工具などの木材製品をあげた回答があったのは心強かった。

FSC 森林認証の取り組みについては、「まあまあ期待する」まで含めると回答者全体の２／３が期待を表明した。「あまり期待せず」という回答は２人のみで、林業活性化のための仕組みとして期待を寄せられていると考えられた。FSC 森林認証に期待する内容は多様にわかれたが、もっとも回答数の多かった期待項目は「流通・加工の信頼性向上」、次いで「林業・木材産業の活性化」であった（図３)。「木材・木製品価格の上昇」「森林の多面的機能の向上」「消費者の林業理解向上」を期待するという回答も多かった。

アンケート回答者の多くが FSC 森林認証に期待する項目としてあげた項目は、森林認証取得の際に取得者が期待する一般的な項目とされている[8)]。これは日南町の現状が、認知度は高まってきたとはいえ、「森林認証の未取得者」と同様の段階にあり、今後の活用によって効果を実感する段階に進む必要があることを示している。

既往の研究では、認証取得により実際に得られた効果として、「販売先の拡

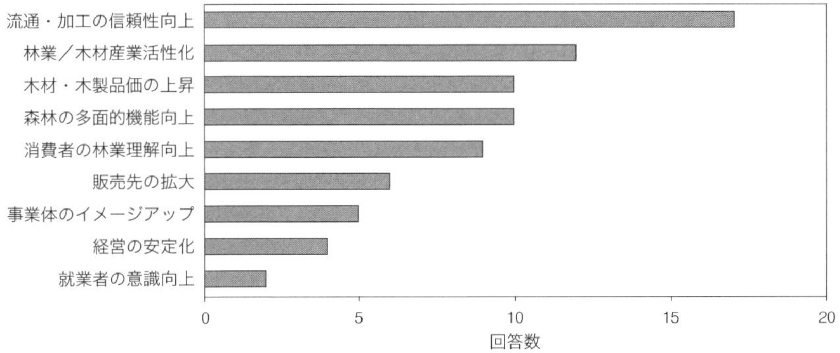

図３　FSC 森林認証に期待する内容（複数回答）

大」「一般消費者への直接販売」「見学者の増加」「異業種とのネットワーク形成」があげられている[8)]。今回のアンケートでは、日南町外のFSC森林認証に対する認知度は低く、上記の効果をえるために、まずはFSC森林認証取得の町外への広報、情報発信が重要と考えられる。

5 新しい林業への脱皮に向けて

日南町森林組合によるFSC森林認証の取得は、日南町における森林業再構築の一環として構想されたことを先に述べた。当初に認証取得のメリットとして考えられていた事項が、取得後2年でどこまで実現されたかを振り返ってみよう。1) 森林管理方針の明確化については、期待どおりに明確化したとはいえないが、意識づけが進んだことで目的は達成されつつある。さらに組合員への周知と中身の議論が必要である。2) 製品の差別化に関しては、認証林からの林産物はまだFSCロゴマーク付きで販売されておらず、課題となっている。2011年11月にCoC（加工・流通過程）認証を取得した株式会社オロチとの連携に加えて、工務店やホームセンターなどより消費者により近い独自の流通ルート開拓が望まれる。3）効率化と労働安全の向上については、森林作業を行う請負業者への指導が徹底できていない点が年次監査でも指摘されており、改革途上といえる。今後の努力により労働安全装備やその取り扱いが向上すれば、この点だけでも認証効果を誇ることができる。4) 健全な森林の育成は、短期的には難しいが、全体に意識の向上は進んでいるといえる。5）森林組合の付加価値向上については、まず情報発信を重視して、2012年3月に森林組合独自のWEBページ（URL：http://www.chukai.ne.jp/~nichimorikumi/）が開設された。

タイトルに付したような「新しい林業への脱皮」は実際には道半ばである。しかし、森林認証は取得そのものが目的ではなく、森林組合自体が徐々に変わり、林業従事者の意識向上がはかられることにその特徴がある。この点で日南町森林組合は徐々に変わりつつあり、その効果が少しずつ現れることが期待される。また、森林・林業再生プランに沿った森林施業の集約化にあわせて、山林所有者に広くFSC森林認証の理解を広め、森林認証グループの拡大と作業の長期契約化をはかり、組合員にFSC森林認証の効果を広げていくことも不可欠である。

FSC森林認証を活用していくため、町民の関心を高め、行政や森林組合、林業関係者が一歩を踏み出す必要がある。今後も長期的に日南町森林組合と日南町の変化に注目してその脱皮を見届けたい。

【参考文献】

1) 林野庁編（2011）：平成23年版 森林・林業白書、全国林業改良普及協会、pp. 162
2) 田中一郎（2006）：森林組合改革と体制強化の課題、農林金融59（11）、pp. 688-701
3) 日南町企画課（2010）：第5次日南町総合計画、（http://www.town.nichinan.lg.jp/p/1/15/5/9/2/）（2012年3月1日参照）
4) 林野庁（2012）：森林組合の概要（平成21年度）、（http://www.rinya.maff.go.jp/j/keiei/kumiai/gaiyou.html）（2012年3月1日参照）
5) 小川直也（2008）：第三者からみる岩泉町の「FSC認証の森」づくり、WWFセミナー「豊かな森を育てる、新しいCSR活動の形 企業のサポートによるFSC森林認証の森づくり」
6) 永松大、坂田成孝、長尾明美、日置佳之（2008）：鳥取県日南町における環境配慮型森林管理に向けた「保護価値の高い森林」の抽出、地域学論集5、pp. 15-34
7) 永松大（2011）：日南町森林組合のFSC森林認証取得効果発揮に向けた調査、平成22年度 持続的過疎社会形成研究プロジェクト研究報告書
8) 祝迫孝幸、佐藤宣子（2006）：森林認証取得への期待と現実、九州大学大学院農学研究院学芸雑誌61、pp. 381-387

2·4　地域資源を活かした中山間地域のエコツーリズム

日置佳之

1　エコツーリズムとは

エコツーリズム（ecotourism）は、法律的には「観光旅行者が、自然観光資源について知識を有する者から案内又は助言を受け、当該観光資源の保護に配慮しつつ当該観光資源と触れ合い、これに関する知識及び理解を深めるための活動（エコツーリズム推進法第2条第2項）」と定義されている[1)]。この他にも多くの類似した定義があるが、それらに共通するのは、「地域固有の自然・歴史・文化などを保全しながら観光に活かすこと」、「観光内容が環境学習を含んでいること」、「観光利益が地域振興や自然環境保全に役立てられること」である[2)]。

日本におけるエコツーリズムは、日本が世界遺産条約に加盟し、白神山地と屋久島が世界自然遺産に登録された1993年頃に萌芽した。2000年代に入ると、自然環境を大切にしようという風潮とともに急速な広がりを見せ、2005年には、環境省が第1回エコツーリズム大賞の募集・表彰を行った。さらに、2007年にはエコツーリズム推進法が制定され、エコツーリズムに関する法的な枠組みが整備された。その後、2005年に知床半島、2011年に小笠原諸島が世界自然遺産に登録され、エコツーリズムは日本全国で急速に盛んになりつつある[3)]。

2　エコツーリズムを成立させる五つの要素

エコツーリズムの成立には以下の五つの要素が必要である。1番目はフィールドである。エコツアーは、山岳、海洋、河川、湖沼、森林、草原などの自然が豊かなフィールドで行われる。しかし、原生的な自然は、観光利用のための施設整備や観光客の入れ込みの影響を受けやすい。また、里山のようにある程度人手の加わったフィールドも里山生活体験などのエコツアーの対象になる。

2番目は人的資源である。エコツアーにはガイドが必須である。ガイドには地形・地質、動植物などに関する豊富な知識とガイドを行うための技術が必要であり、ガイドの養成には訓練が必要である。訓練を受けたガイドが相当数いることがエコツアーの成立の要件となる。

3番目は施設である。エコツーリズムには、自然観察やハイキングのための歩道、それに付随する指導標や解説板、ビジターセンターのような利用拠点となる施設、簡易な宿泊施設等が必要である。こうした施設は、通常、国や地方公共団体などにより公的資金で整備される。エコツーリズムにとって初期投資にあたる施設整備を、民間団体の手だけで行うことは資金的に困難なことが多く、通常は自然公園整備事業のような公共事業で行われる。

4番目は制度である。制度の役割は大きく分けて二つある。一つはフィールドの保護であり、もう一つはエコツーリズムの推進である。自然公園法やエコツーリズム推進法は、この二つのための法律である。エコツーリズム推進法では保護すべき自然環境等を「特定観光資源」として指定し、そこへの立ち入りを規制できる旨の規定がある。

5番目は組織である。エコツーリズム推進法は、エコツーリズム振興のために市町村が主体となって「エコツーリズム推進協議会」をつくることができる旨を定めており、この協議会は、特定事業者（「観光旅行者に対し、自然観光資源についての案内又は助言を業として行う者」）、地域住民、NPO法人、自然観光資源や観光に関し専門的知識を有する者、土地所有者、関係行政機関などで構成される。また、この法定協議会の他にもガイド団体を設立し、料金やガイド内容についてのガイドラインを設けている事例がある。こうした組織は、過剰利用の抑制やサービス水準の維持・向上を図るうえで大きな役割を果たす。

3｜産業として見た場合のエコツーリズムの問題点

エコツアーを主催する側から見た場合、エコツーリズムは観光産業の一形態である。観光産業としてのエコツーリズムには、以下の問題点が指摘できる。第一は、マンパワー依存型である点である。1人のガイドが案内する人数は5～10人程度が適当であり、これはガイド内容の質や安全の確保上、必然的に生じる限界である。よって、ガイド1人当たりの収入を飛躍的に増やすことは難しい。いわゆる規模のメリットがないのがエコツーリズム事業の特徴である。

第二は、観光適期が限定される場合が多いことである。特定の花や動物は、限られた季節にしか観察できないことが多い。この問題は、年間を通してできるだけ万遍なく様々な観察対象などを見つけることで、解決が試みられる場合が多い。第三は、施設等を公共に依存せざるをえないことである。弱小企業体がほとんどのエコツアー業者にはこれらへの投資は困難である。そのため、自然公園整備事業のような形での公共投資による社会資本整備が不可欠である。

4｜エコツーリズムの展開過程

一般に、エコツーリズムは、図1に示すような過程で展開される。

よく「俺たちの町には観光資源なんて何にもない」という声を耳にする。しかし、本当にそうだろうか。現在は有名観光地となっている場所も、かつては観光地でもなんでもなかった場

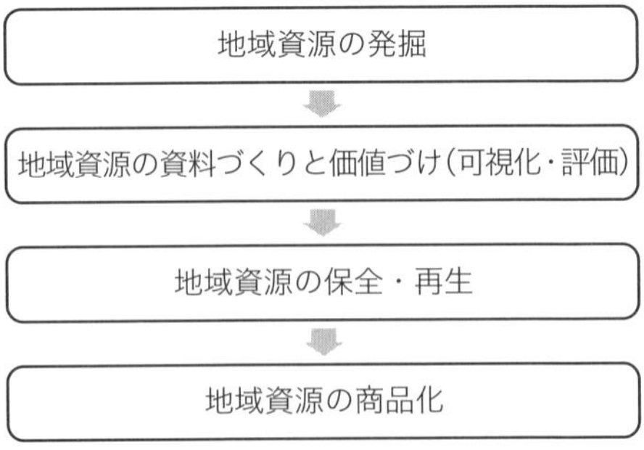

図1　エコツーリズムの展開過程

所である。鳥取砂丘はただの砂山だし、石見銀山は廃坑に過ぎない。しかし、自然科学や歴史学上の位置づけがなされることでその価値が評価される。さらに景観の保全・復元が行われ、見学体制が整備されて、観光客にその価値がわかるようになっていく。

展開過程の第一段階は地域資源の発掘である。地域にどのようなものがあるかを丁寧に拾っていくことからエコツーリズムがはじまる。具体的なモノの形をしていない伝承や祭りなどの無形文化財的なものも貴重な資源である。

第二段階は、地域資源の資料づくりと価値づけ（可視化・評価）である。地図、写真、文書などの形で地域資源の資料を作成し、可視化していく。また、学術面、景観面などから地域資源を評価していく。その際、国内の他地域との比較や、場合によっては海外との比較も必要になる。

第三段階は、地域資源の保全・再生である。せっかく発見した資源が損なわれないように法的保護措置を講じたり、必要な維持管理や修復を行ったりする。

第四段階は、地域資源の商品化である。エコツアーを旅行商品にするためには、価値づけられた地域資源を観光客にわかりやすく示すためのパンフレットを作成し、旅程計画を組む必要がある。交通、食事、宿泊、土産物購入などの要素を加え、観光客の満足度が高くなるよう案を作成する。さらにツアーを試験催行して、参加者の意見を聴きながら修正し、完成度を高める。

以上の全段階で重要なことは、地域住民、外部の人々、研究者など複数の視点の融合である。地域住民は、その地域にずっと住んでいるため、地域のことをよく知っているが、客観的な地域資源の評価が難しい場合がある。しかし、最終的に地域資源の保護・活用はその地域の住民が主体にならなければ自律的な地域経営にならない。地域外の人々は、新鮮な目で地域資源を「発見する」役割を果たす。これは旅行客の視点をあらかじめ知るうえで有効である。研究者は、学術的な観点で地域資源を資料化し、客観的に評価する役割を担う。このような複合的な体制は、地域資源を活かしたエコツーリズムの展開に有効である。

5 中山間地域におけるエコツーリズムの展開事例

エコツーリズム隆盛の動きを受け、従来は、エコツーリズムの対象地となっていなかった中山間地域でも、特に地域振興の観点からエコツーリズムを導入しようという動きが見られる。以下では、中山間地域の事例として、鳥取県の南西部に位置する日野郡におけるエコツーリズム展開を紹介する。鳥取県日野郡には江府(こうふ)町、日野(ひの)町、日南町の3町が含まれる。このうち、江府町の相当部分は大山隠岐国立公園に指定されており、全国的に著名な自然観光資源を有する。一方、日野町と日南町には著名な観光資源はない。日野郡は、自然観光資源の質・量が異なる3町を有しており、中山間地域におけるエコツーリズム展開を見るうえで一般性をもつ地域だと考えられる。

(1) 江府町奥大山地域における歩道整備とトレッキング・森と水の学校

この事例で課題となったのは、大山山麓の徒歩利用ルートである。江府町の山域は「奥大山」と呼ばれる。そこには、国立公園の歩道が存在するが、山体崩壊や車道整備などによって分断されており、長距離を歩けるものはない。また、山麓にはブナ林やミズナラ林など森林散策や自然観察に適した森林が存在するが、林内を歩ける道がないためにほとんどの森林は利用できなかった。江府町では、二つのルートを開拓することによってこの問題の解決

図2 大山道を歩く会

図3 森と水の学校

が目指された。

ルートの一つは大山道（だいせんみち）である。大山道とは、信仰のための大山参詣と大山山麓の大山寺にあった博労座（ばくろうざ）牛馬市に行くための道である。大山道は昭和初期から中期まで盛んに歩かれていた大山を目指す参詣道であった。大山道復元事業は、地元有志の発案によって開始された。まず、2009年に旧大山道の踏査が行われ、選定されたルートで草刈りなどが行われて整備された。牛が繰り返し歩いていたため道型はよく残っていた。2010年秋には、このルートを歩く大会が催され、500人以上の参加者で賑わった（図2）。

この事例は、大山道という歴史的資源が明確であったため、それを復元する形で行われた。また、地元集落はかつて大山道の宿場で賑わっていたため、それを記憶する古老などの思いも大山道復元に影響を与えた。2010年の行事の際には、地元集落で巡礼者などに対して湯茶などを無償で提供するご接待が行われ、農産物の臨時販売所に大勢の人が訪れた。しかし、ルートがまだ完全につながっていないこともあり、普段歩く人はまだ多くはない。地元有志は大山道のさらなる連続化について検討中である。

江府町におけるもう一つの歩道は、サントリー奥大山天然水の森（瓜菜沢）内に設けられたルートである。サントリー天然水の森は飲料メーカーのサントリーHD㈱が自社工場付近に水源涵養林として設定している森林で、2012年現在全国で7,000ha余の面積である。天然水の森（瓜菜沢）は、面積約88haで、ヒノキ人工林・カラマツ人工林・ミズナラ二次林・ブナ自然林などから構成される。サントリーHD㈱は、鳥取県が設けた「共生の森」という制度に基づいて、地元集落からこの森を借り受けて人工林の間伐などの森林整備を2007年から開始した。森林整備の一環として巡視歩道が整備され、同社が主催する「森と水の学校」の森林探索ルートとして活用されている（図3）。

山あり谷ありの変化に富んだ歩道は、参加した子供たちに人気があり、繰り返し訪れる家族も多い。森と水の学校は、それ自体は営利事業ではなく、顧客サービスとして行われており、「水にとっての森の大切さ」というテーマで環境学習が行われている。参加者は毎回数十人程度に限定され、森を熟知したガイドの引率で林内を数時間歩きながら解説を受ける。この事例は、自然志向の観光客の需要にうまく応え、歩ける場とサービスをセットで提供している。エコツーリズムの潜在的な可能性をもった場所がフィールドになった例だと言えよう。

江府町におけるこれら二つの事例は、大山の雄大な景観を望む好立地に位置しながら、それを十分に活かしきれてこなかった状況を打開し、潜在資源を顕在化させたものであり、地域資源の特長を引き出した好例と言える。

(2) 日南町における地域資源の発掘とエコツアーの試行

日南町は、中国山地から日本海に流れで出る一級河川日野川の最上流に位置する町で、顕著な観光資源には恵まれていない。そこで、地元ではさまざまな自然環境調査を行い、地域資源の発掘に努めている。これまでに、同町に生息する特別天然記念物オオサンショウウオや陸生ホタルであるヒメボタルの生態、町内に残るブナ林、西日本最大といわれるハンノキ林などの調査が行われてきた。ここではエコツーリズムに結び付きつつあるヒメボタルの事例を紹介する。

ヒメボタルは一生を森林内で過ごす陸生ホタルである。ヒメボタルは別名を金ボタルとも言い、成虫が森林内で短い明滅を華やかに行う。しかし、鑑賞に値する成虫発生期間は1週間程度と短く、最盛期は3日間程度に過ぎない。

2005年、地元から寄せられた情報を確かめるため、日南町は鳥取大学にヒメボタルとその生息環境の調査を依頼した。7月から10月まで各種の調査が行われ、「成虫の発生ピークは7月7日の七夕を中心とした1週間程度」「発光は20時から22時ぐらいまでの時間帯に多く、その後急速に減少する」「生息環境としては間伐が行き届き林床植生が発達した森林がよい」「懐中電灯程度の光をあてても明滅を休止する」などの諸点が明らかになった。発生場所も、ある地域内の県道に沿ったスギ人工林の一部であることが詳細に特定された。

調査結果は地元での講習会で住民に伝えられ、ヒメボタルの保護と観察の機運が高まった。2009年までに徐々に観察のための来訪客が増えてきたことから、2010年から本格的に観察による生息環境攪乱の防止活動と観察指導がはじめられた。2011 年には、成虫発生時期における県道の車両通行自粛、そのための駐車場整備、普及啓発のためのシンボルマーク作成、シンボルマークを印刷したＴシャツの販売などが矢次早に実行された。同年の発生期には延べ 500 人程度の観察者が訪れ、山中のヒメボタルに歓声を上げた。ヒメボタルは光による攪乱に極めて敏感であるため、その保護と観察には真暗闇の状態を保つ必要がある。地元住民はこうした特殊性をよく理解して保護対策を進めている。

この事例は、「知る人ぞ知る」だけであった地域資源を、調査から始めてエコツーリズム萌芽期までこぎつけた例である。同町ではヒメボタル以外にも多くの地域資源を発掘中であり、マイナーな自然観光資源を統合しながら四季を通したエコツアーができる場所への飛躍が模索されている。観光資源に乏しいと考えられてきた地域におけるエコツーリズムの展開事例として、注目に値する。

6 ｜エコツーリズムの経済的な成立可能性

エコツーリズムを生業にできるか否かは、住民にとって切実な問題である。世界自然遺産に登録後、屋久島では観光客が増加し、2010 年現在、約 200 人の専業ガイド（professional guide）が仕事をしている。中山間地域では、そこまでの隆盛は期待できないであろう。それでも、産業に乏しい中山間地域では、いくらかの収入になるのであれば観光業としてのエコツーリズムへの期待は大きくなるはずである。以下では、中山間地域でエコツーリズムが経済的に成り立つかどうかについて焦点を当てよう。

2008 年 9 月から 2009 年 3 月にかけて、8 回のモニターツアーを実施し、参加者に対してアンケート調査を行った。実施したモニターツアーの概要を表 1 に示す。アンケートでは、出発地、年齢、性別といった旅行者の属性、参加動機、解説内容やプログラムに対する評価などを尋ねた。

モニターツアーの参加費は、実験という性格のため実費程度の低価格に設定した。しかし、実務としてエコツアーを行っていくためには、ガイド等に一定の収入がなければ成り立たない。そこで、参加者に対して、当該プログラムに対していくらまでなら支払う意思があるかについても金額を選択する形で尋ねた。なお、モニターツアーのガイドには、経験3年以上で普段から地元フィールドを知悉している者があたった。また、プログラムはすべて半日程度の日帰りツアーとして設定した。

全8回のモニターツアーに計103人が参加し、102件のアンケート回答を得た。当該プログラムに対する支払い意思額は、各ツアーとも2,000円との回答がもっとも多く、3,000円がついで多かった。4,000〜6,000円との回答も少数あったが、7,000円以上との回答はなかった。

モニターツアーの参加費には安値感があったものと考えられる。これは、モニターツアーが実費程度の低価格で実施されたためと推察される。支払い

表1　モニターエコツアーの概要

ツアー略号	実施日		ツアータイトル	募集人員	参加人数	参加費	アンケート回答人数
A	2008年	11月8日	奥大山・天然水の森トレッキング〜ブナ林の巨樹探訪と落葉を使ったネーチャーゲーム体験〜	30	21	500円	15
B	2008年	11月8日	紅葉の大山、山里のバスツアー〜大山山麓に広がる雄大で牧歌的な風景の再発見〜	40	18	1,000円	16
C	2008年	11月9日	東大山・大山道トレッキング〜いにしえの歴史に想いをはせ、大山の紅葉を満喫しよう〜	20	13	2,500円	8
D	2008年	11月9日	日野川　清流川下りツアー〜参加者みんなで力を合わせ、大型ボートで川下り〜	20	8	2,500円	14
E	2008年	11月9日	蒜山大草原自然ふれあいヘルシーツアー〜ノルディックウォーキング体験を通じて大草原を体感しよう〜	20	8	2,000円	21
F	2008年	11月9日	大山寺周辺の歴史探訪ツアー〜大山寺の歴史・自然に想いをはせつつ、僧兵食を堪能しよう〜	20	13	5,000円	8
G	2008年	9月13日	シーカヤックツアー	8	8	4,000円	6
H	2009年	3月1日	花見山スノシューツアー	25	14	1,500円	14
計	8回			183	103	—	102

意思額に参加人数を乗じると、当該ツアーの潜在的な収入が算出できる。これから必要経費を引いた額（すなわち潜在的利益）を、ガイドの人数で除算することにより、ガイドの潜在的収入を算出した。その結果を表2に示す。

この結果より、エコツーリズムに関わる社会資本整備、ツアーに必要な機材等への初期投資、それに職業訓練のための投資を除き、ガイドとしての収支だけを見れば、何とかエコツーリズムが生業として成立する可能性があることが明らかになった。逆に言えば、上記の諸投資については公的な援助等が不可欠であると言えよう。サントリー森と水の学校の事例では、企業によりPRやガイドの研修が行われ、歩道などの施設整備と併せてエコツーリズムに必要な諸要素がすべて整えられていた。エコツーリズムはこのような環境整備があってこそ成立可能である。公共・民間を問わず、どの部門がどの程度の環境整備を分担するかの検討がエコツーリズムを地域に導入するうえでは不可欠である。

なお、この収支計算には広告宣伝、事務費などの一般経費が含まれていない。実際には、これらの費用も計上して成立可能性を検討する必要がある。一方、今回の収支計算で必要経費としたバスの貸切料などは地元のバス会社の収益となり、地域経済全体に対する波及効果をもたらす。こうした経済波

表2　モニターエコツアーの潜在的な収支計算

ツアー略号	潜在的単価	参加人数	潜在的収入	必要経費	潜在的利益	ガイド人数	ガイド1人あたりの潜在的日当	ツアーの経済的な成立可能性評価
A	2,000	19	38,000	3,800	34,200	2	17,100	○
B	3,000	16	48,000	47,100	900	2	450	×
C	2,500	13	32,500	13,000	19,500	1	19,500	○
D	2,500	8	20,000	17,600	2,400	1	2,400	×
E	2,000	8	16,000	70,600	− 54,600	2	− 27,300	×
F	5,500	9	49,500	35,100	14,400	1	14,400	○
G	4,000	8	32,000	2,000	30,000	1	30,000	◎
H	3,000	14	42,000	18,173	23,827	1	23,827	◎

◎：本業として成立する可能性がある。 ○：副業として経済的に成立する可能性がある。
×：経済的に成立する可能性はない。

及効果についても、別途検討する必要がある。

7 中山間地域における生業としてのエコツーリズム

哲学者の内山節は、山村での生活は、自給自足と小さな現金収入を伴う複数の生業で成り立ってきたという[4)]。そのような生活は、特定の企業等で全労働時間を働く都市型の生活とは大きく異なる。また、鬼頭はそのような生業手段をマイナーサブシスタンスと呼んだ[5)]。

中山間地域の住民生活は、現在でもそのような性格を残しており、農業ができる時期には農業に従事し、それ以外の仕事は別の仕事をするといった生活形態は普通に見られる。中山間地域におけるエコツーリズムもそのような生業の一つとしてとらえるのであれば、副業的職業として位置付けることができる。そのような考え方に立てば、エコツーリズムは、地域住民がいくらかの現金収入を伴いながら、自然を案内することで、自然環境保全と地域振興を両立させる好ましい関係を作り出す鍵になりうる可能性が高い。

【参考文献】
1) 愛知和男、盛山正二編著（2008）：エコツーリズム推進法の解説、ぎょうせい
2) 海津ゆりえ（2011）：エコツーリズムとはなにか、真板昭夫、石森秀三、海津ゆりえ編著；エコツーリズムを学ぶ人のために、世界思想社、pp. 21-31
3) 例えば、敷田麻美編著（2008）：地域からのエコツーリズム―観光・交流による持続可能な地域づくり―、学芸出版社
4) 内山節（1980）：山里の釣りから、日本経済評論社
5) 鬼頭秀一（1996）：自然保護を問いなおす―環境倫理とネットワーク、ちくま新書、pp. 254

◈コラム　双方向型のツーリズムの可能性

古塚秀夫

グリーンツーリズムなどでは一般に、都市部の住民を中山間地域などの自然豊かな地域が受け入れ、それによって地域経済の活性化や交流人口の確保が目指される。しかし、中山間地域の住民も都市の住民のように、他地域へ出向き、そこで普段にはない体験や交流の機会をもつというニーズもあるのではと考えられる。むしろ、少ない人口であるがために日常的な交流人口が限られる中山間地域であるからこそ、他地域に出向いて交流の機会を積極的・能動的に確保するという発想があってもよいであろう。そこで、都市部の住民を受け入れるという一方向のツーリズムではなく、中山間地域がカウンターパートの地域を見つけ、双方向型のツーリズムを構築することが考えられる。

鳥取県日南町と境港市では2009年度よりモニターツアーを開始している。具体的には、沿岸部の境港市住民が山間部の日南町へ、山間部の日南町住民が沿岸部の境港市を訪問し、シイタケの植菌（しょっきん）、リース作り、昼食などを地元住民と一緒に行っており、地引網も行ってはという声も出ている。この試みは、グリーンツーリズムとブルーツーリズムのパッケージによる相互交流とも言えよう。開始してまだ日が浅い取り組みではあるが、二つの地域に恩恵をもたらす取り組みであり、今後における一つのツーリズムの形としての発展に期待したい。

個別対応　スポット対応

2・5 多様な主体の重層的な参加に基づく公共交通システム

谷本圭志

1 高齢化の最前線での公共交通計画

わが国は、急速に高齢社会に向かっている。過疎地域は以前よりその社会を迎えており、わが国の平均像と比べると、はるかに先進的な高齢社会と言える状況にある。そのもとで、様々な分野においてその社会に適した仕組みづくりの模索が始められており、公共交通もその例外ではない。

過疎地域は、都市と異なった性質を有しており、それに即した地域公共交通の計画が求められている。具体的には、後期高齢者の数が前期高齢者よりも多いという今後のわが国の姿[1)]がすでに到来している、もしくはその直前にあることに起因する。序の2項で触れているように、後期高齢者は加齢に伴う身体能力の低下が生じる。したがって、そのような人々にも活動の機会を確保しうる計画が必要である。加えて、今後においては、さらなる高齢化・過疎化が見込まれている。このため、これらの変化に適応できる持続性のある戦略を備えた計画が必要である。

以上の背景のもと、以下では「日本の30年後の姿」と言われる鳥取県日南町での地域公共交通計画を取り上げる。そこでは、あえて様々な運行主体にサービスの供給を分担してもらい、高齢者の利便を確保するとともに、今後さらに進行が予想される高齢化・過疎化に適応する計画を策定している。その計画に盛り込んだ戦略の狙いと意義を整理し、今後どのようなサービスや計画がさらなる高齢化を迎える過疎地域に望まれるかを展望する。

2 | 社会実験の経緯——鳥取県日南町

(1) 日南町の公共交通体系

日南町の中心部には、町役場、商店、中学校などがある。2009年度より、町内にいくつかあった小学校を一校に統合し、中心部の一校に再編した。広域的な交通の拠点としてJR伯備線の生山駅があるが、中心部からは車で5分程度（2〜3km）の距離にあり、若干離れている。総合病院が駅の近くにあるが、中心部、駅、病院の間は徒歩での移動は困難な距離である。

現在の日南町の公共交通体系は、2007〜2009年度に実施された社会実験を経て構築されている。以下ではまず、社会実験前の公共交通について述べる。町内の基幹的な公共交通は、以前は定時定路線の町営バスとタクシーであった。町営バスの運行は民間のバス事業者に委託され、路線は図1のようであった。路線は後述する社会実験後においても基本的には大幅な変更はない。どの路線も1日5往復であり（一路線のみ6往復）、運賃は一律200円であった。タクシー会社は従来2社であったが、経営が困難になったことに

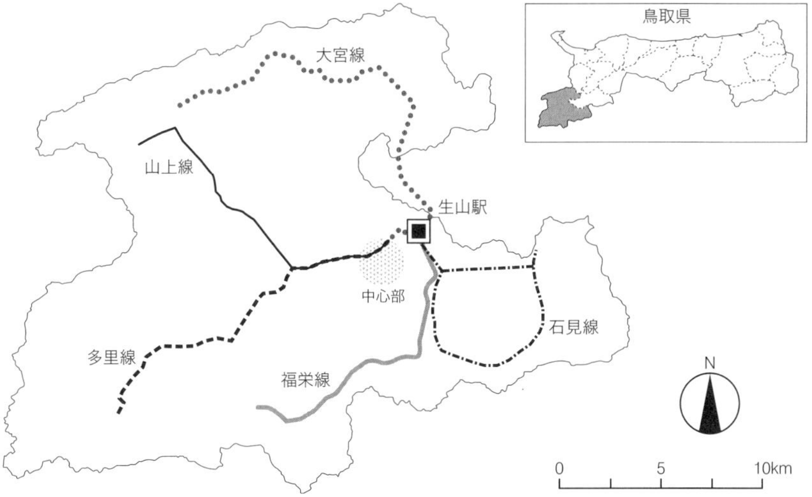

図1　日南町における町営バスの路線図

伴い、社会実験の実施前に1社となった。

運行経費（人件費、燃料費など）は年間約4,000万円であったのに対し、運賃収入は年間約1,400万円であり、おおよそ2／3を行政支出で賄っていた。主な利用者は通学の学生、通院の高齢者である。公共交通が運行していない地域（そのような地域は、一般に「公共交通空白地帯」と呼ばれる）が存在しており、必ずしもすべての住民が公共交通を利用できる環境ではなかった。

2009年度からは小学校の一校への統合により、通学・下校時には大量の輸送を要することが社会実験前に明らかとなっていた。そこで、通学、通院、買い物の活動の機会をすべての地区の住民に確保するとともに、財政的負担の抑制を図ることを目的として掲げ、社会実験を行うこととなった[2)]。

(2) 社会実験の概要

2007年10月より、平日の通学の機会については社会実験前と同様に確保し、日中の利便性を向上して高齢者の活動の機会を充実することを目的とした実験を行った。具体的には、日替わりで日中の便数にメリハリをつけ（例えば、月曜日に7往復であれば火曜日は4往復という方式）、大型車両の運用で利便性の向上が図れるかについて実験した。その際、従来の路線に公共交通空白地帯を経由する路線を付加することを試み、その地域での需要を把握した。

しかし、日替わりのサービスに利用者が十分に対応できないことが判明したため、利用者数の多かった時間帯の便を残しつつ運行ダイヤを固定した。また、さらに多くの公共交通空白地帯に路線を設定し、需要を把握した。その後、多里地区においては、輸送を担いたいというNPOが現れたため、アンケート調査および試験運行を行い、住民ニーズの発掘やそれらへの対応可能性を明らかにした。以上を踏まえ、社会実験を以下のように総括した。

1) 朝夕には大型車両が不可欠であるが、それを活用して公共交通空白地帯を通年にわたって解消することは道路事情（特に、積雪のある冬季）により不可能である。また、日中には公共交通空白地帯において少なからずの需要があるものの多くはない。以上より、日中は小型車をデマンド運行（乗車する場合には、住民が事前に予約する運行形態）とすることが有効である。

2）デマンド運行には、高齢者が予約を面倒や不安と感じること、すなわち、予約への抵抗感が想定される。このため、利用の多い時間には予約をしないで済む方式が有効である。このため、基本的には、日中を除いては大型車を定時定路線で運行することが有効である。

3）社会実験中は、所与の予算・車両制約のもとでなるべく多くの時間帯、空間範囲、便数を確保することに努めたが、広大な面積を有する本町においては行政のみの対応では限界がある。このため、タクシー事業者やNPOの協力が不可欠である。

3 多様な運行主体の重層的な参加に基づいた計画

社会実験の総括を踏まえ、本格運行の計画づくりがなされた。その結果、大型車両と小型車両を時間帯によって使い分ける方式をとった。また、財政負担を抑制するため、需要の少ない日中についてはデマンド運行にするとともに、予約の抵抗に伴う住民の公共交通離れを抑止するために、利用の比較的多い時間帯には定時定路線型とした。以上に述べた大型車両と小型車両の役割は、表1のように整理できる。

以上は、当面の要請へ応えるという観点に基づいた車両運用を示したものである。しかし、序の図2に示すような急速な高齢化・過疎化という変化のもとでは、この観点に基づくのみで、将来における公共交通の持続可能性が十分に担保できるのかという疑念があった。加えて、地域そのものの維持も人口減少により脅かされている事実もあった。このため、長期的な観点から

表1　各車両の役割

車　両	役　割
大型車両 （定時定路線）	・朝夕の大量輸送 ・予約に抵抗を感じる人々への対応
小型車両 （デマンド）	・日中（閑散時間）の輸送 ・公共交通空白地帯の解消

以下のように戦略をまとめ、計画に盛り込むこととした。

1) 今後も高齢化・過疎化の進行が予期され、そのもとで住民に対しては、地域の活性化やまちづくりへの積極的な関与を促進していくことが重要である。その契機として、公共交通において住民の活躍の場を確保することは有効である。すでにやる気をもったNPOも存在しており、その活動を支援したい。
2) 自治体は路線および地区間での公平性を確保する必要があり、きめ細かな住民対応(例えば、玄関先までの輸送)をある地区でするとそれを全町に拡大する必要がある。しかし、そのようなことは不可能である。一方で、身体能力の低下した高齢者への対応は今後ますます重要であり、きめ細かな対応そのものの必要性は増す。そこで、市町村有償運送(町役場が運行主体となる運送形態であり、日南町では大型車両による町営バスと小型車両によるデマンド運行が該当する。なお、一般に、運行事業者は民間事業者等に委託する場合もあり、日南町もその例外ではない)に加えて、きめ細かな対応サービスとして過疎地有償運送(NPO等が運行主体となる運行形態)を位置付け、両者を差別化することで多様な住民ニーズに応えることができる。さらには、きめ細かな住民対応を必要とする地区については、住民による過疎地有償運送の機運を高め、住民関与の実現を期待することができる。
3) 高齢化・過疎化のもと、他の事業者と比べて過疎地有償運送による事業の継続性は不安定である。すなわち、ドライバーの引退や急病に伴う人手不足が懸念される。このため、もし継続できなくなった場合を想定し、その場合に事業を引き継ぐ運行主体が必要である。そのためには、比較的安定した労働供給力をもつ主体、すなわち、バス事業者およびタクシー事業者を今後にわたって確保しなければならない。したがって、そのような主体にも活躍の場を確保し、将来に備える必要がある。
4) とりわけタクシー事業者については、昨今撤退した事業者もあるほど過酷な環境にある。しかし、夜間や早朝などの輸送や、緊急を要する輸送、観光客の輸送など、タクシーの存在意義は大きい。このため、その持続可能性にも配慮が必要である。

以上を踏まえ、運行主体の役割を表2のように整理したうえで、多様な運行主体が重層的に参加するという計画を策定した。その結果、表3に示すように、路線ごとに異なる運行主体がサービスを供給する体制となった。

表2　運行主体の役割

事業主体	役　割
バス事業者	・安定した労働力の供給 ・繁忙時間での的確な対応 ・大型車両の運行
タクシー事業者	・緊急、夜間早朝ニーズへの対応 ・減少した人口のもとでの事業継続 ・小型車両の運行
NPO	・まちづくりへの住民関与の促進 ・きめ細かな住民ニーズへの対応 ・小型車両の運行

表3　路線ごとの運行主体

<table>
<tr><th rowspan="2">路線</th><th colspan="2">市町村有償運送</th><th rowspan="2">過疎地有償運送</th></tr>
<tr><th>大型車両</th><th>小型車両</th></tr>
<tr><td>大宮線</td><td rowspan="5">バス事業者</td><td rowspan="2">タクシー事業者</td><td rowspan="4">—</td></tr>
<tr><td>山上線</td></tr>
<tr><td>石見線</td><td rowspan="2">バス事業者</td></tr>
<tr><td>福栄線</td></tr>
<tr><td>多里線</td><td colspan="2">NPO</td></tr>
</table>

※「小型車両」はデマンド運行をする。なお、多里線以外はNPOによる
過疎地有償運送はないため、上の表ではそれを「—」の印で表している。

表4　多里線のダイヤ（2012年2月現在）

	新屋→生山	生山→新屋
1便	（町）　7:00 →　7:40	（町）　7:45 →　8:22
2便	（過）　8:10 →　8:50	（デ）　9:30 → 10:10
3便	（町）　8:50 →　9:23	（過）11:30 → 12:10
4便	（デ）10:20 → 11:10	（町）13:30 → 14:05
5便	（過）14:20 → 15:00	（デ）15:10 → 16:00
6便	（町）14:25 → 14:54	（町）16:40 → 17:10
7便	（町）17:30 → 17:59	（町）18:15 → 18:45
8便		（町）19:35 → 20:05

※（町）：町営バス、（デ）デマンド運行、（過）：過疎地有償運送

なお、多里線については、表4に示すように市町村有償運送と過疎地有償運送が混在するダイヤとなった。この路線では、小型車両による市町村有償運送（デマンド運行）と過疎地有償運送をNPOが担う。過疎地有償運送は玄関先までの輸送を行い、料金は500円と市町村有償運送の200円よりも高くなっている。

4 本格運行の経過

現在、本格運行を開始してから3年ほどが経過する。長期的な観点に基づいた戦略の検証についてはさらに時の経過を待たなければならないが、高齢者にとって利用しやすいサービスかに関する検証はできる。

そこで、以下ではまず、社会実験の前後（2008年度までは社会実験、2009年度以降は本格運行）における利用者数の推移を示そう（図2を参照）。なお、利用者数は、町営バス（大型車両で運行）、デマンドバス（小型車両で運行）、多里線においては過疎地有償運送も含む合計である。

人口ならびに高齢者も減少している日南町において、利用者数の増加はなかなか見込めないが、この図で目を引くのが多里線である。他の路線の利用者数が低下の傾向もしくは安定しないのに対して、多里線については本格運

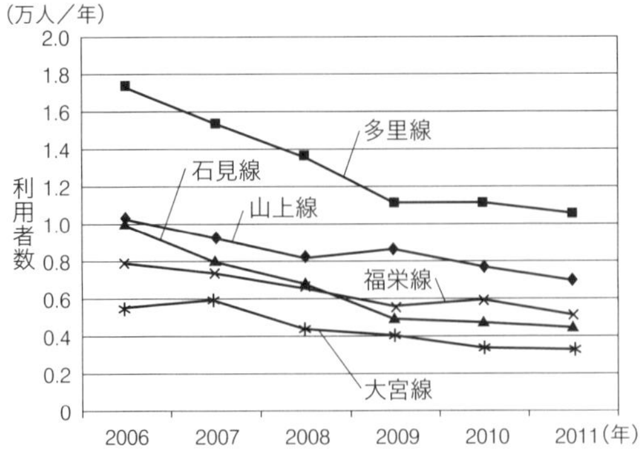

図2　各路線の利用者数の推移（小中学生を除く）

行後に下げ止まりの傾向が見られる。多里線とその他の路線の違いは、過疎地有償運送を導入している点である。そこで、多里線の町営バス、デマンドバス、過疎地有償運送に関する利用の構成比を図3に示す。絶対的な比率では町営バスが多いものの、過疎地有償運送の構成比が年々高まっていることが分かる。

このように、過疎地有償運送が利用者数の減少抑止に貢献していると考えられる。その理由としては、日南町の公共交通確保対策協議会において、過疎地有償運送の事業者等からいくつかの意見報告がなされている。具体的には、1）自宅の玄関まで運送している、2）乗り降りの際にステップを準備するなど体力の低下した利用者にも対応している、3）地域における気心の知れたドライバーがサービスを提供しており、様々な面で気兼ねが少ないことが、減少の抑止になっているということである。さらに、これらの点があることにより、往路は町営バスやデマンドバスを利用し、復路は重い荷物を持っていても玄関まで運送してもらえる過疎地有償運送を使う利用者が少なからずあり、町営バスの利用者数の減少にも一定の歯止めの効果を過疎地有償運送がもたらしているとの指摘もある。

従来、公共交通はそのダイヤや料金といった時間的、金銭的な抵抗や乗り継ぎの抵抗を減じることが利用者の利便の向上に資するとされてきた[3、4]。このことは今後の高齢社会や過疎地域においても事実ではあろうが、それら

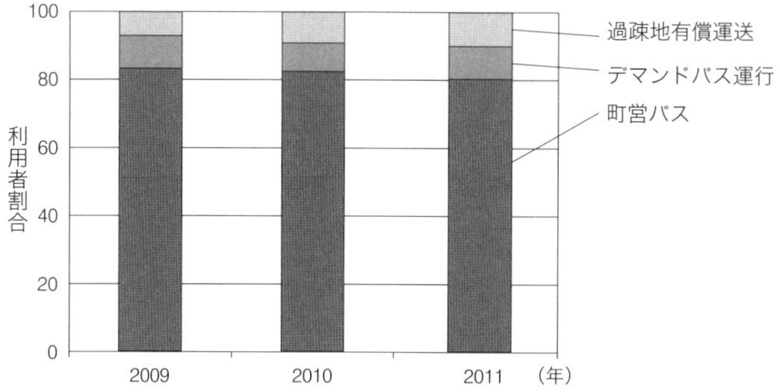

図3　多里線の利用サービスに関する構成比

に加えて身体的な負担を強いる抵抗や身体能力の低下に伴う不安に起因する抵抗を減じることが重要となろう。日南町では、そのようなことが過疎地有償運送によって可能となっていたが、このことは必ずしも過疎地有償運送のみに可能であるわけではない。例えば、車掌の復活、自宅で待機できるサービスなどの高齢者の身体的な事情に寄り添えるサービスは過疎地有償運送以外においても十分に可能であろう。

5 公共交通サービスのイノベーションも視野に入れて

このように、高齢者にとって利用しやすいサービスとしつつ、それを継続的に維持していくための一つの考え方として日南町の公共交通体系を位置付けることができよう。

しかしながらその一方で、今後はますます高齢者の人数そのものが減っていく。加えて、現在、若年層や壮年層のほとんどの人が自家用車の免許を保有しているため、数十年後には公共交通を必要とする人はさらに減るであろう。したがって、公共交通の利用者数は減少していくという大きな流れを止めることはできない、というのが冷静な見方である。すると、小中学生の通学支援という役割を除いては、公共交通は、身体能力の低下が見られる75歳以上の少数の後期高齢者に特化したサービスとして再構築する必要が出てくるかもしれない。

この場合、もはや定時定路線型の公共交通を基本とするのではなく、例えば、ある程度の幅をもった目安の運行時刻を設定し、車両がどこを運行しているのかのライブ情報をケーブルテレビなどで利用者に配信し、車内の車掌がテレビ電話などで乗車のリクエストを受け付けながら自宅をまわり、必要に応じて乗降や買い物袋の運搬の介助も行い（それゆえ、運行時刻に幅がなければならない)、さらには車内で生活の困りごとなどを聞いて行政機関や民間事業者につないでいくといったようなこれまでにないような公共交通サービスが有望となるかもしれない。今から、そのイノベーションのアイデアをいくつも生み出して蓄積しておき、折を見て社会実験をしておくなどの戦略的な展開が求められる。

【参考文献】

1) 例えば、エイジング総合研究センター（2006）：図表でわかる少子高齢社会の基礎知識。
2) 鳥取大学（2009）：平成20年度日南町・鳥取大学連携のあゆみ、pp. 44-46
3) 木下瑞夫、山田春利、田島透（1986）：バスのサービス水準向上が需要に及ぼす効果の分析、土木計画学研究・論文集、Vol. 3、pp. 193-199
4) 森山昌幸、藤原章正、杉恵頼寧（2003）：過疎地域における公共交通サービスの評価指標の提案、都市計画論文集38（3）、pp. 475-480

2・6　遠隔医療による在宅医療／医療連携システム

近藤博史

1　過疎地域における医療の現状

過疎地域では人口減少に伴って患者数が減少しているため、医療においても医師と医療機関の減少がおこっている。もともと医師数が少ない、皮膚科、耳鼻科、病理部、画像診断部、などの専門科に加え、少子化の影響により小児科、産婦人科の減少の影響は大きい。医師数の減少は日常の大手術の減少、夜間休日など交替要員に影響を及ぼし、救急医療機関の減少ももたらす。

一方、住民側においては、高齢化が進み、内科では高血圧、糖尿病や循環器系の慢性疾患の増加、脳卒中、痴呆など精神科疾患、関節症など整形外科疾患、白内障や緑内障を中心にした眼科系疾患の頻度が上昇している。このような高齢者に多く見られる疾患に対応できる医療サービスを、限られた医師、医療機関で提供することが求められている。

この状況のもと、専門医ではなく、すべての疾患を扱う医師として一般診療医が過疎地域の前線で必要と言われている。しかし、その育成体制はこれから整備される。

過疎地域の一般診療医（現在では、内科医や外科医）だけで高度な医療サービスを提供することは困難であるため、専門医が多数いる都市部の医療機関との連携が必要となる。医療機関の連携については、医療再生として効率化のため医療機関を機能分化させるという厚生労働省の方向性から、その重要性が増している。このもとでは、急性疾患を担当する病院と慢性疾患を担当する病院とに分けて、それぞれに効率化を進めることになるため、患者がこれらの病院間を移動することになる。このため、複数の医療機関が同一の患者の情報を共有しておく必要が生じる。

一方、患者側の事情に着目すると、医療機関から遠方に居住し、高齢化と共に増加する慢性疾患により通院困難な場合、医師や看護師などが患者宅に伺って往診等をすることがある。この場合、患者宅で医師等が病院にあるカルテの情報を参照する必要が生じる。また、往診や訪問看護に際しても、遠方の患者宅を医師や看護師が頻繁に訪問することには移動の負担が伴う。同様に、患者が医療機関に出向いてもらう場合においても、労力的、時間的に大きな負担が伴う。そこで、患者や医師、看護師が移動せずに、病院から離れた患者宅もしくはその近隣で患者の血圧や体重などの情報をモニターできる環境を整え、双方にとっての負担を軽減することも求められている。

また、患者宅もしくはその近隣での医療は昨今話題になっている医療と介護の一体改革の観点でも重要となっている。すなわち、戦後のベビーブームの人たちが後期高齢者に向い始めている一方、入院ベッドを減少させている現政策のもとでは、死亡前の入院は今後難しくなる、あるいは入院期間がこれまで以上に短くなる。このため、在宅で医療サービスを受けることのできる環境が必要とされている。

以上の背景に加え、2011年3月11日の東日本大震災は医療についても多くの教訓を残した。この震災では、大津波により多数の病院のカルテが被害を受けた。しかし、壊滅的な被害を受けた沿岸部の病院（分院）で、ネットワークを介して内陸の本院の電子カルテを使っていた病院については、カルテそのものの消失を免れることができた。この経験より、震災復興に向けては、病院自体が災害を受けても電子カルテ情報が消失しないような仕組みの構築が求められている。

一方、避難所から仮設住宅に移動した被災住民、特に高齢者の地域組織分断による孤立化、農作業等ができなくなり発生する「生活不活発病」、自給自足生活ができなくなることに伴う貧困化、あるいは自殺、「孤立死」が問題である。在宅医療と連携した在宅老人の「見守り」ネットワークの確立が重要視されている。このようなことは、過疎化が進行する地域では、災害のように急激に進行しないまでも類似の状況に向かって緩やかに進んでおり、対応が必要と考えられていた。

2 今必要とされている遠隔医療システム

以上に述べた医療の現状に対して、遠隔医療システムが有効な技術として注目されている。遠隔医療学会では遠隔医療（Telemedince and Telecare）を「通信技術を活用した健康増進、医療、介護に資する行為」と定義しており、広範囲の行為を含む。遠隔医療の目的で分けてみても、1）患者宅〜病院の通院・移動の負担を軽減する、2）医師や看護師による患者情報の閲覧を容易にする、3）異なる病院が患者の情報を共有することなど、様々である。後の3項で紹介する、日常の心拍数、血圧や体重等を患者宅でモニタリングするシステムや、在宅患者と病院の医師がテレビ会議システムで擬似的に対面診療をするシステムは、1）に主眼をおいたシステムと言える。また、4項で示す、病院間で電子カルテを医療従事者が相互に参照するシステムは、3）に主眼をおいた遠隔医療システムと言える。

従来、遠隔診療の実施は困難とされてきた。しかし、近年では必ずしもそうではない。患者と医師が離れて診療する遠隔診療について言えば、医師法20条に記載されていた「対面診療」の解釈が見直され、1997年12月24日の通達、2011年3月31日の厚生労働省医政局の通達で、表1に示す要件で認められるようになっている。

表1　遠隔診療の要件

1) 直接の対面診療による場合と同等あるいは 代替しうる程度の患者の有用な情報が得られる場合で、 2) 初診および急性期の疾患に対してではなく、 診療を継続してきた慢性期疾患の患者など病状が安定している患者に対し、 3) 直接の対面診療を行うことが困難で、 4) 患者側の要請に基づく、 5) 直接の対面診療と適切に組み合わせて行われる、 6) 患者の病状急変時等の連絡・対応体制を確保したうえで実施する。

（出典：厚生労働省健康政策局長通達　情報通信機器を用いた診療（いわゆる「遠隔診療」）について
2011年3月31日の一部改正後の全文（http://www.mhlw.go.jp/bunya/iryou/johoka/dl/h23.pdf））

3　衛星通信を利用した在宅医療システムの開発と実証実験とその後

阪神・淡路大震災では「災害時に有効なシステムは平時から利用しているシステム」との教訓が得られている。平時の在宅医療支援システムは災害時にも有効であり、これらを同時に開発運営することにより経費も節減できると考えた。そこで、在宅医療支援システムにモバイル端末を追加することによりモバイルの災害時医療支援システムを開発し、実際に2007年の鳥取県総合防災訓練で実証実験をおこなった。

このシステムはインターネットと衛星回線をつなぐもので、サーバをインターネット上におき、鳥取県日野町の日野病院などの複数の病院と複数の患者宅を接続できるものとした。機能としては以下を用意した。

・テレビ会議機能
・生体モニター情報のリアルタイム転送配信
・PACS（医用画像保存通信システム）画像の収集と配信機能
・電子カルテ機能（カルテ記載、スケジューリング、病名登録等）

これにより、1）患者あるいは患者の家族が病院の医師、看護師といつでも対面で会話ができる、2）動脈血酸素分圧、心拍数等のモニター情報を入院している患者と同様にデータを病院のサーバに保存し、病院等から医療従事者が参照できる、3）在宅での胸部X線撮影や超音波検査のデータを病院のサーバに保存して参照できる、4）遠隔診療および、往診時、訪問看護師の記録をサーバに保存し、医師、看護師、患者、患者の家族で共有できるようになった。

実際に、病院から遠方に居住し、このシステムを用いた患者からは、いつでも病院の主治医との面談ができる安心感、生体モニター情報をリアルタイムで病院から見てもらっている安心感が大きかったとの意見であった。

一方、いくつかの改善事項もあげられている。患者のモニターデータに異常があった場合には、その旨を患者家族の携帯メールに知らせる機能の要望があった。また、風邪をこじらせての入院時に救急病院がモニター情報を参照できなかったため、円滑に入院できなかったという事例があったことから、救急病院でのモニター情報の共有の必要性も指摘されている。

以上のシステムについては、近年の技術開発によりさらなる高度化が期待されている。例えば、無線技術の進展により、筆者らが開発した在宅医療システムは簡単に無線に接続することができ、災害時用に作成した20kgのモバイル端末は携帯電話かタブレットパソコンで済むようになり、携帯性が向上した。

また、計測直後に自動でタブレットパソコンへ送信する血圧計が開発されており、タブレットパソコンをインターネットに接続しておれば、自動でインターネット上のサーバに送信保存され、その情報が参照可能になる。すなわち、血圧や体重を患者が計測するだけで、誰の何時の血圧かが付記され、インターネット上のサーバに保存され、それを関係者が参照できる。このため、病院での計測では正常の値であるが自宅では高血圧であるといった仮面高血圧、あるいは早朝や夜間に高血圧になるといった状況もわかるようになった。加えて、血圧の高低だけでなく、朝昼晩と計測されている情報そのものから、規則的な生活を送っているかどうかといった生活状況もわかる。

一方、患者がシステムを介して適切に健康管理をするような支援についても検討が進んでいる。その一つが、体重のコントロールであり、食事、排便、排尿、服薬の情報が病状管理に不可欠な慢性疾患の発病あるいは発病前の高齢患者への支援である。高齢者が入力することも考え、わかりやすく、また、日々の入力を忘れないようにするための工夫を施し、入力のモチベーションが保てる画面を検討している。入力データに関しても、その値が良い場合と悪い場合の判断の表示あるいは音声による評価をして、モチベーションを上げる工夫も開発中である。具体的には、最高血圧が140以上の日が続けば、「薬はありますか？」「診察に行きましょう」など、便秘が続けば、「下剤を飲みますか？」、内服薬の服薬情報の入力がなければ、「お薬飲まなくて大丈夫ですか？」などコメントや、安定した血圧、服薬歴があれば、「この調子でがんばりましょう」のコメントを表示する。また、体調良好な情報の継続日数の地域での順位を表示して、やる気を出してもらう等を検討している。

一方で、システムを利用する環境づくりについても工夫が検討されている。例えば、震災後の高齢者見守りネットワークのグループの話では、必ずしもモニター機器を在宅で使用する必要はなく、集会所などに設置して、自宅から出て、人と接する必要性を設けることにより、高齢者の生活不活発対策にすることもあると言う。

4 名寄せサーバを中心にした地域医療連携システムの構築

病院で患者が診療を受けると、カルテが作成される。カルテには番号を付して各患者を識別する。カルテ番号はカルテだけでなく、検査伝票、X線フィルム等にも使用されるため、患者情報を検索するための不可欠な情報である。患者が複数の医療機関にかかると、それぞれの機関で異なった番号が振られる。したがって、複数の医療機関が連携するには、一人の患者が各病院でどのようなカルテ番号を使用しているかの対応表が必要であり、これは名

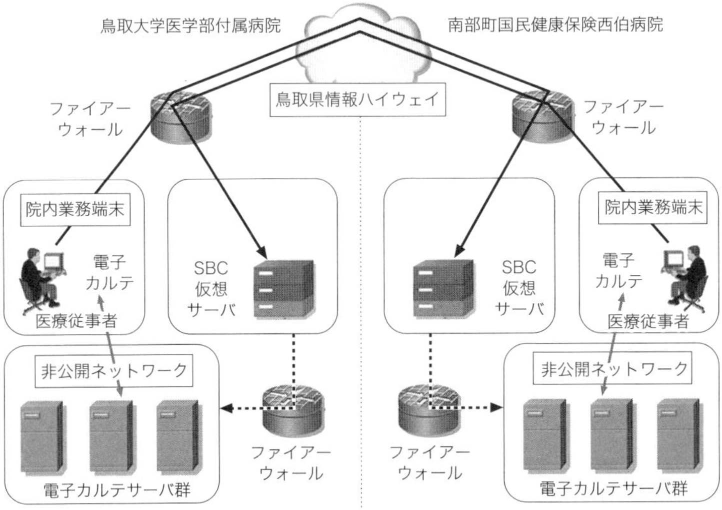

図1　2病院間の電子カルテ相互参照システム

寄せ情報と呼ばれる。国民が医療機関を自由に選択できる我が国では、医療連携は確実な名寄せがあって初めて可能になる。

鳥取大学病院では、2008年における電子カルテの更新時にシン・クライアント・システムを基盤システムに導入し、これを用いて2009年から中山間地域である鳥取県南部町西伯病院と都市部にある鳥取県米子市の鳥取大学病院との間で電子カルテの相互参照システムを稼働させた（図1を参照）[1、2]。

この方法の利点は、1）電子カルテのある自院の職員と同じもの（過去から現在まで）が、他院の職員も参照できること、また将来も必要なときに参照できること。2）診療データ自体を送信受信しないため、データを多重に保存することが不要であること（従来、参照させるデータを決定し他院に送信し、他院で受信したデータを保存するといったように、同じ診療情報が様々な箇所で保存され、地域全体で多重に保存されていた）。

一方、欠点は、1）他院の利用者（医療従事者）を自院の電子カルテに登録する必要があること。将来地域の利用者全員を登録する必要がある。2）

表2　患者やその家族の意見

○利用前における期待
・画像・検査などが共有でき、新たに検査する負担の軽減につながる
・自宅の近くにある西伯病院で診てもらうほうが便利
・治療を受ける際、口頭・文書での説明が医師に正確に伝わる
・鳥取大学との連携で高度な医療が受けられ安心
・診療情報を交換することでスムーズに適切な受診ができる
○利用後の評価
・今まで受けていた治療が全部主治医に正確にわかるため良い
・患者が相互の医師に説明することが省けた
・受診の日時などの手続きが簡単で良い
・西伯病院に帰った時に鳥取大学病院のデータが届いており、主治医に活用していただいていた
・前から持病を持っていることや、どのような薬を飲んでいるかを、説明なしに医師に細かく知ってもらうことができた
○今後の要望
・西伯病院で対応できない診療にも拡充してほしい
・近隣の開業医とも繋げてほしい
・個人情報保護が確保されること

他院の利用者には申請のあった患者のみが参照されるように設定する必要がある。3）医療データを標準化する世の中の方向には結びつかないことである。

表 3　医師の意見

○利用後の評価
・緊急の紹介搬送の時に CT、レントゲンを作成しなくてもよく円滑に搬送できた
・詳しい診療情報を得ることで実際の診療に役立てることができた
・治療・検査など勉強になる
・紹介後のリアルタイムな状態が確認できた
・自分の専門外の領域の専門的な意見を伺うことができた
・転院までの流れがよくわかった
・システムの周知が不十分
・画像診断依頼、救急患者を搬送するかどうかのコメントなどを依頼するときのルールを整理して欲しい。特に料金と責任の面について考えて欲しい

○今後の要望
・多くの職員に登録してもらうこと
・参加病院の拡大
・システムを実際に使って有効に機能した事例について職員に周知すること

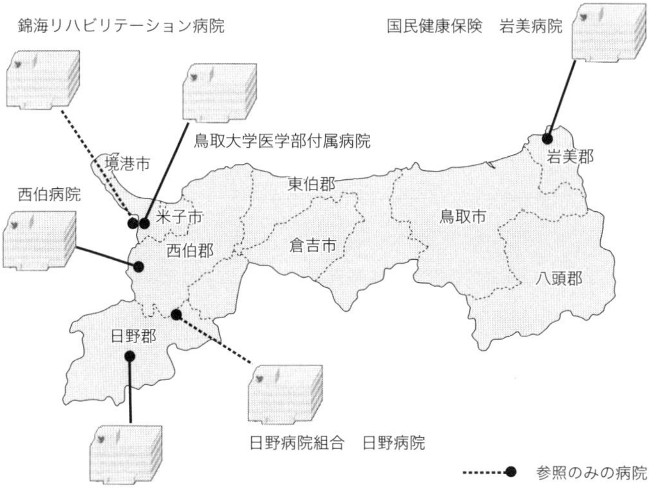

図 2　電子カルテの相互参照システムへの接続病院

このシステムの利用前後にアンケート調査を行った。まず、システムの利用前における患者とその家族の期待として表2の上段に示す回答があり、医師に対する説明の負担が減ることと、都市部の病院まで出向く負担が減る、高いサービスの医療が受診できることに対する期待があった。これに対して利用後では、表2の中段に示す回答があり、医師に対する説明の負担が減ったことや複数の医療機関で患者の情報が共有されていることに対する評価が高くなっている。今後の要望は表2の下段に示すように、多様な診療への拡充、様々な医療機関との連携を望む声があった。

医師の意見を表3に示す。利用後においては（表3の上段)、システムの活用による迅速で円滑な対応、自身の知識の補完に関する有用性が評価されていた反面、システムの周知、手続きならびに責任等の整理という運用面での検討が課題としてあげられている。今後の要望では（表3の下段)、職員への周知や登録、参加病院の拡大があげられている。

2012年度からは、鳥取県の医療再生基金により県内の六つの病院をカバーする電子カルテの相互参照システムを開発した (図2)。患者の名寄せ管理サーバを中心に用意し、利用者登録、患者名寄せ登録、参照ログを一元管理し、今後、県内の他の病院あるいは県外の病院の登録を可能にした。なお、従来のシステムの名寄せは、二つの病院で診療を受ける患者のうちシステム利用を申請した患者の両病院のID番号を記載した表をポータルに表示し、改造した両病院の電子カルテに登録し運用していた。しかし、三つ以上の病院では、二つの病院に関係があってもそれが三つめの病院にとって無関係であれば、三つめの病院職員にその患者リストが見えてしまうと個人の診療状況を無関係な人に示すことになり、個人情報の漏洩として問題になる。この点を解決するため管理サーバが個々の参照条件を満足するように管理する。構築したシステムは四つの病院の電子カルテと画像システムを六つの病院で参照管理する。錦海リハビリテーション病院のみはインターネット上で暗号化通信（VPN）接続するものであり、この方法を用いれば、鳥取県情報ハイウェー（県庁、県の施設と県内の市町村役場を結ぶ専用回線で、鳥取大学も直接接続している）に接続している必要はなく、インターネットを介して多くの

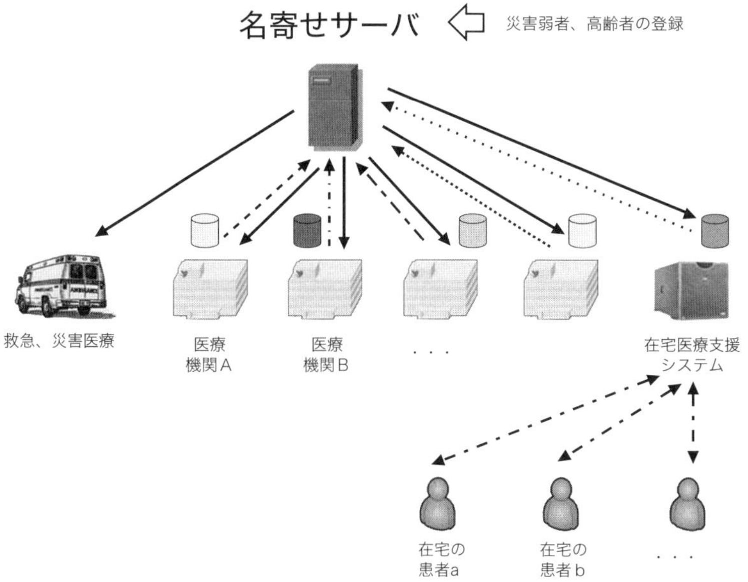

図3　在宅医療システムの接続

病院で参照が可能となる。

さらに、図3に示すように在宅医療システムを電子カルテと同様に接続すると、自宅での患者の情報を共有することができる。そうすることにより、仮面高血圧等といった在宅での情報が重要な疾患や、お年寄りに多く見られるが、重症化するまで我慢する患者の状況がわかるようになる。また、そのような患者の救急入院時には、最近の自宅での状況がわかり、入院後の治療が容易になる。インターネット VPN（インターネット上に仮想の専用線網を構築する技術）経由で情報を参照できるため、救急車や災害時の避難所からも安全に接続可能になる。さらに、災害弱者等を登録することにより、災害発生時には住所情報から未避難者の探索に使用することができ、また、避難時には避難所を登録することで避難前後の診療情報がシームレスに参照可能になる。このように参照サーバは今後、地域医療連携上の重要な役割を担うことが期待される。

【参考文献】

1） 近藤博史（2010）：Server Based Computing（SBC）を用いた地域医療連携の現在と計画一標準化をめざして一、日本遠隔医療学会雑誌 6（2）、pp. 204-206

2） H. Kondoh, K. Teramoto, S. Kuwata（2011）: Cloud computing technology, Server based computing as an infrastructure of hospital-wide EPR and the regional healthcare information system. International Journal of Computer Assisted Radiology and Surgery, Vol. 6 : S61

2・7 情報技術を用いた公共交通の利用促進システム

伊藤昌毅・川村尚生・菅原一孔

1 公共交通の持続可能性を高める情報技術

人口減少や自家用車の普及により、地方の過疎地域では特に、公共交通の衰退が進んでいる。鳥取県においても例外ではなく、路線バスの現在の利用者数は最盛期であった1966年の約1／10に減少している。利用者数の減少はサービスの廃止・減便を招き、それがさらなる利用者数の減少をもたらすという悪循環に陥っている。しかし、路線バスを代表とする公共交通は日常生活にとって、また、自家用車の過剰な利用を抑制するための重要な交通機関である。このため、公共交通の利用を促進し、その持続可能性を高めるための試行錯誤が全国で見られる。

公共交通の持続可能性を高める一つの自然なアプローチは、路線や便数を充実して利便性を今一度高い状態に戻すことである。しかし、利用者数が少ないという厳しい現実が眼前にある中で、その実現のハードルも、利用促進に失敗するリスクも高い。むしろ、今あるサービスを大きく変えずに、より使いやすくすることを考えるのが有効なアプローチであろう。そのためには、近年、技術の進歩も社会での普及も著しい情報技術を活用することが考えられる。

2 公共交通の利用促進システム「バスネット」とは

バスネット[1～3)]は、鳥取県の路線バスや鉄道といった公共交通の情報を網羅し、乗換案内サービスをはじめとしたいくつかのサービスを提供している。

その際、時刻表や路線図情報をそのままインターネットで提供するのではなく、情報技術を駆使して、利用者の目的に応じて必要とされる情報を整理して提供している。商用の乗換案内サービスは鉄道や航空機を対象とするものが主であり、路線バスに関しては一部の大都市以外は十分に対応できていない。バスネットでは、JRなどの鉄道に加え、鳥取県内の主要な路線バス事業者、町営バス、コミュニティバスといった小規模なバスに関しても対応を進め、現在では、約20社のバス、鉄道事業者に対応している。

2006年よりパソコンや携帯電話のWebブラウザから利用できるインターネット上のサービスとして提供を開始した（図1上）。現在は、インテリジェントバス停と呼ぶ据え置き型機器を鳥取駅や県庁など県内5箇所の公共施設に設置したり、スマートフォン向けアプリケーションの開発を進めるなど新しい技術を取り入れながら改良を進めている（図1下）。また、サービス

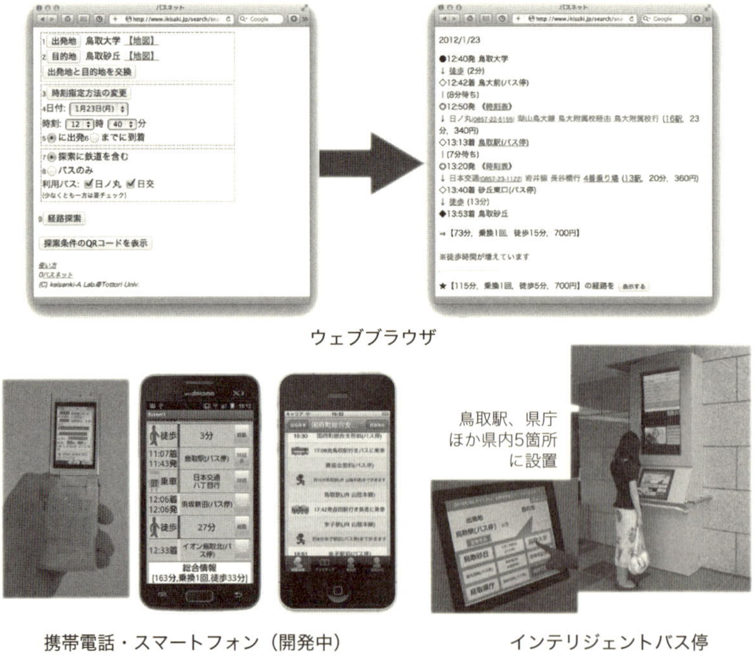

図1　バスネットの概要

の内容も地方の路線バスの利用のしづらさの解消に貢献しうるよう様々な工夫を加えている。以下では、その点を紹介していこう。

3 バスネットが実現する公共交通の使いこなし方

(1) バスの乗りにくさに応える経路探索機能

人々が移動する際の最終目的地は一般にバス停や駅ではなく、その先にある施設や場所である。多くの乗り換え案内サービスでは駅やバス停を目的地とするが、周囲に複数の駅やバス停がある場合や、経路や時間帯によっては少し離れたバス停から歩いた方が早く到着する場合もあり、適切な駅やバス停の選定は難しい。最終目的地そのものもしくはその近くにあるランドマークを入力して経路探索できれば、数少ない路線や便数であってもそれらをフルに活用する機会をユーザーに提供できる。

そこで、バスネットでの経路探索機能は、バス停や駅はもちろんのこと、ランドマークも含めて出発地と目的地とを入力し、経路を提供するというサービスを可能とした。観光地や公共施設、商店やレストランなど、鳥取県内の約1万箇所の名称を登録し、最寄りのバス停や駅の名称がわからなくても経路探索が可能である。このことで、観光客などのその地域の地理や公共交通に詳しくない人にとっての利便性を確保することができたことに加え、例えば鳥取大学の最寄りバス停の名称は「鳥大前」と登録されており「鳥取大学」では検索できないといった、バス停の名称にまつわる使いにくさも解消している。

これまでのログを解析すると、ランドマークを指定するユーザーは出発地で14%、目的地で41%とそう多くなく、主には「バス停からバス停」という発想で検索されている。しかし、この場合においてもバスネットがユーザーの指定とは異なる駅やバス停を出力することも少なくない。具体的には、出発地では駅やバス停を指定した経路探索の37%以上が、目的地では23%近くがそのように出力されている。

この機能を実現するための要は、徒歩での移動も考慮して経路探索することにある。鉄道駅と異なり、特に市街地では徒歩圏内に多くのバス停があり、鳥取県の規模でさえ、全てを数え上げると乗降バス停や乗り換えの選択肢が膨大になってしまう。そこで、膨大な経路から実用性のある経路を高速に抽出する独自の経路探索アルゴリズムを開発した。この技術が、バスネットの中核技術となっている。

(2) 利用者目線に立った時刻表検索機能

バス停に貼られている時刻表やインターネットで検索できる時刻表のほとんどは、そのバス停を通過するバスを路線単位で整理したものである。このため、並行する路線がある場合は、複数の時刻表を確認する必要がある。また、一つの路線に異なる経由地を通るバスが含まれている場合、時刻表から下車するバス停を含む路線の時刻表を自ら抽出しなくてはならない。

バスネットでは、乗車バス停と下車バス停の双方をユーザーに指定してもらい、そのバス停間を通過するバスを一覧できる時刻表を出力している。これによって、系統や路線といった公共交通事業者の視点ではなく、ある区間を利用するという利用者目線での時刻表の提供が実現している。経路探索機能と同様、個々の路線では少ない便数であっても、それを集約することで、利用可能なサービスをフルに活用する機会をユーザーに提供している。

(3) バスロケーションシステムによる遅れ情報提供機能

公共交通は、天候、道路事情などの不可避的な要因で遅延することがあり、そのことが利用者にとっての利便性を損なう一つの理由になっている。バスロケーションシステムが捉えた、鳥取市内を走る路線バスの遅延の一例を図に示す。晴天だった 2012 年 2 月 24 日（図 2 の「晴天日」）では、ほとんどの便が 6 分以内の遅れで運行できていた。しかし、大雪となった 2 月 17 日（図 2 の「大雪日」）では、便によって大きくばらつき、40 分を超える遅れも少なくなかった。このような場合、利用者はいつ到着するか分からないバスを待つことになってしまう。都市部では、バスの位置や到着時刻を知らせるバスロケーションシステムが運用され、こうした問題を緩和しているが、地方の路線バスにおいてその導入、運用コストを負担するのは困難であろう。

そこでバスネットでは、スマートフォンを用いたバスロケーションシステムを鳥取県とともに開発し、運用実験を続けている。都市部で運用されているバスロケーションシステムで一般的に用いられる、バス車内に設置される高価な専用車載器の代わりに、独自に開発したソフトウェアを導入したスマートフォンを車載器として用いることで、汎用的な機材や通信回線を使える

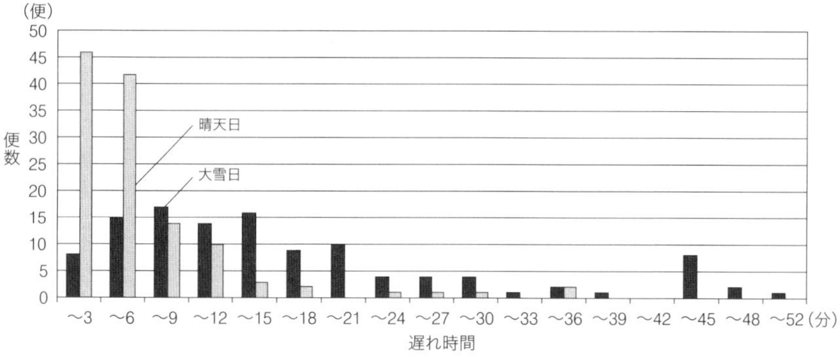

図2　路線バスの遅れ状況

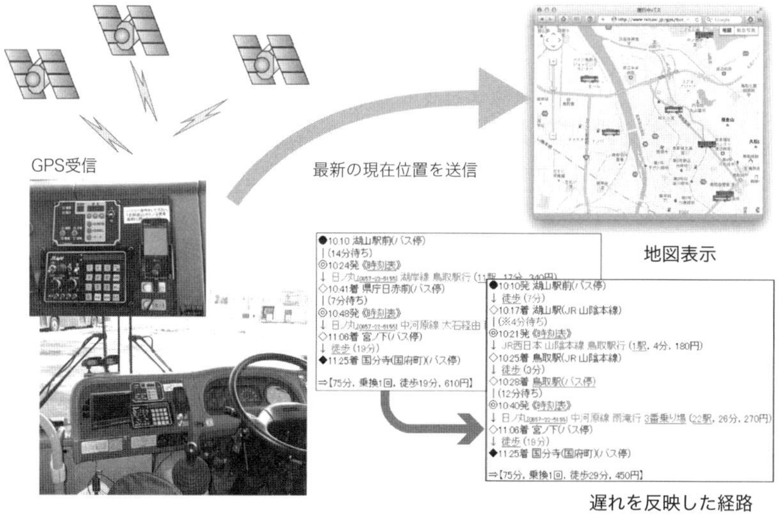

図3　バスロケーションシステムの概要

ことになり、導入、運用コストが抑えられ、小規模な公共交通事業者においてもバスロケーションシステムの導入が可能になった。

バスロケーションシステムを開発したことで、バスの位置や遅れに関する情報は、現在の位置表示やバス停における到着予想時刻を地図上に表示することに加え、経路探索にも反映できるようになった（図3を参照）。とりわけ、乗り換えがある経路の途中でバスに遅れが生じた場合、乗り換え駅やバス停を含めて経路全体を見直す必要が生じうる。バスネットでは、最新の遅れ情報を反映した経路探索を実現し、実際の運行状況に基づいた最適経路を案内している。

4 バスネットへのアクセスから探る公共交通への需要

(1) バスネット利用状況の実態

バスネットのアクセスログから、利用状況について見てみよう。図4に示すとおり、バスネットのCGIアクセス件数（経路や時刻表検索のためにクリックされた回数）は毎月10万件から、月によっては20万件を超えている。なお、参考であるが、バスネットがサービスされている鳥取県の人口は約58万人である。経路探索と時刻表検索は、ほぼ同数のアクセスとなっている。一度の検索のために複数回のクリックが行われるため、正確な利用状況を調べるために2011年度からバスネットの詳細な利用状況を測定するシステムを

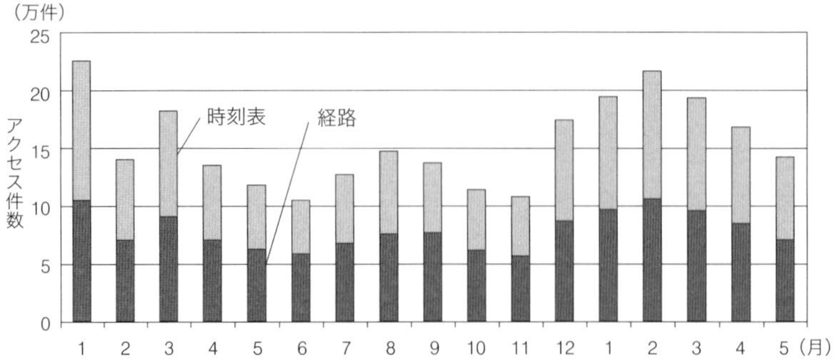

図4　バスネットのCGIアクセス件数

開発している。これによると毎月、2万から4万件以上の検索が行われていることがわかっている。経路探索と時刻表検索とでは図5に示すように、利用する端末に顕著な違いがある。経路探索ではPCからの利用が40%にのぼる一方、時刻表検索ではPCからの利用は20%であり、75%が携帯電話やス

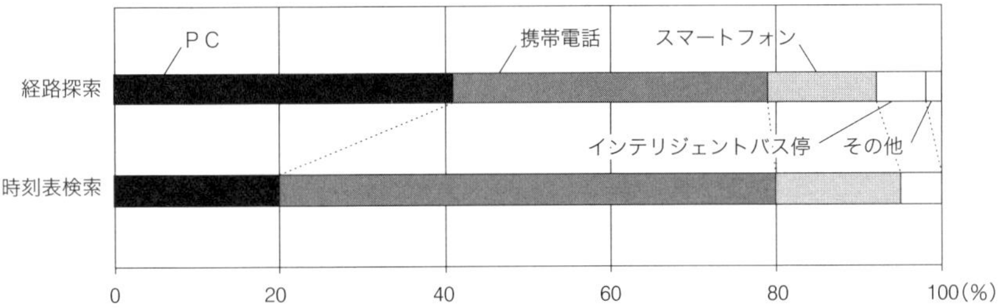

図5　経路探索／時刻表検索の端末別の割合

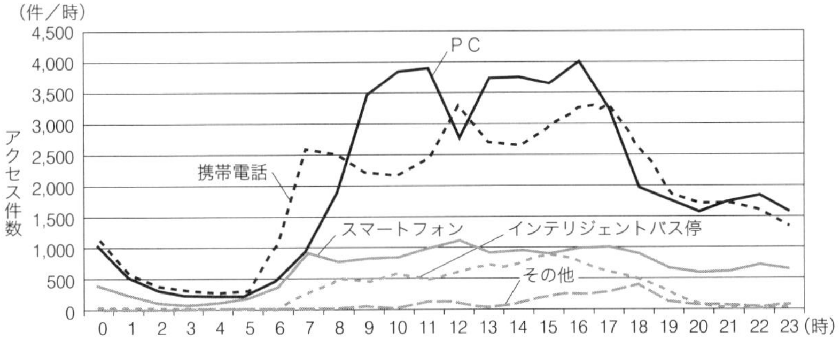

図6　経路探索における時間帯別アクセス数

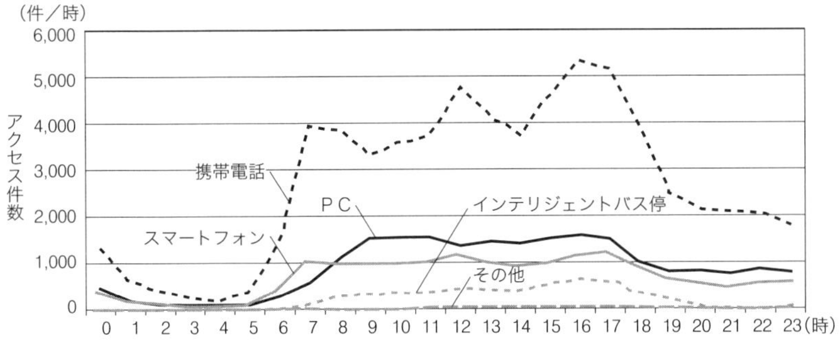

図7　時刻表検索における時間帯別アクセス数

マートフォンからの利用となっている。このことから、多くの利用者が、外出前に PC を用いて経路を調べる一方、外出中には経路探索より時刻表を利用しながら公共交通の情報を得ていることが想像できる。バスネットの全体に占める携帯電話、スマートフォンの割合は年々高まっており、こうしたことからも、外出中の利用ニーズがますます高まっていくと推察される。

また、バスネットがアクセスされる時間帯を端末別に示したのが図 6、7 である。特に経路探索において、PC からのアクセスが業務時間内に集中しているのに対し、携帯電話からのアクセスが 7、12、17 時と通勤、通学時間帯にピークがある。また 22 時頃にも PC からのアクセスが増加している。それぞれの時間帯ごとに、利用者の身近な端末からアクセスしていることが予想できる。

(2) バスネットが必要とされるバス路線

バスネットで検索されているバス路線は、どのような路線なのであろうか。一日数本しかないような便数が少ない路線は、利用者が発車時刻などを熟知しており、わざわざ検索する必要がないことが予想できる。一方、便数が多い路線に関しても、すぐバスが来るので調べる必要がないと考えられ、その中間の便数となる路線にバスネットの需要があるのではと考えられる。この仮説を検証するために、便数と経路探索回数との関係をグラフ化し図に示し

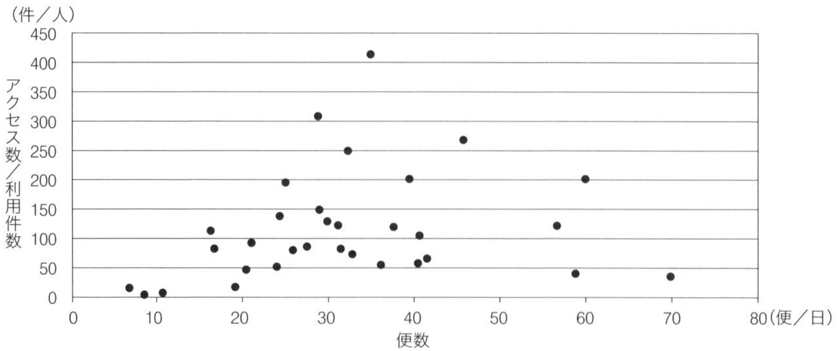

図 8　バスネットのアクセス数と路線バスの便数の関係

た。ここでは、経路探索回数を公共交通の利用者数で除すことで、「利用者数が多いとそもそも経路探索をする人数も多い」という影響を除いている。なお、ここでの便数は、並行して走る路線を考慮し補正した値である。

グラフに示すように、経路探索回数のピークは1日あたり30から40便(平均で25分に1本程度)の路線にあり、1日あたりの便数が20便以下と少ない路線や、50便以上の多い路線を対象とした経路探索は相対的に少なくなっている。このように、バスネットというシステムにもそれを必要とする特定の環境があることが分かる。

5 さらなる公共交通の利用促進のために

人々が公共交通の利用に至るまでには、「認識」「欲求」「計画」という段階を経ることが考えられる(図9参照)。しかし、現在のバスネットは、すでに計画段階にある利用者を対象に、より便利な利用方法を提案するシステムであり、認識や欲求段階にある利用者に呼びかけることを視野に入れていなかった。このため、公共交通の利用者の増加に対しては十分な貢献ができていない。今後は、この点に関する改良を加えていくことを検討している。

その一つの手法として、TwitterやFacebookなどのソーシャルメディアとバスネットの融合がある。ある人が、バス利用の計画や実際に乗車したり、バスに好印象を持ち、また乗りたいと思った時に、その思いを個人に閉じずにソーシャルメディアを通して周囲に広める。それを友人や知人が見ることで、バスという選択肢の存在に気付いたり、自分でも乗ってみたくなるかもしれない。さらに、特定の友人や集団に、バスの利用を呼びかけることも考

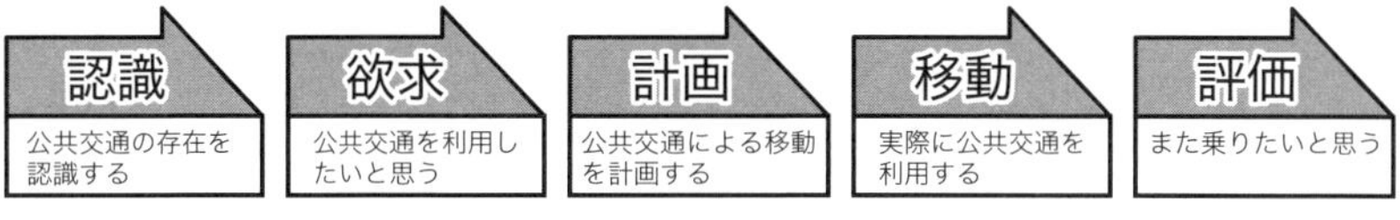

図9 公共交通の利用に至る段階的プロセス

えられる。マスメディアによる広告と違い、ソーシャルメディアでは個人同士の信頼関係に基づいて本音の感想が交わされ、評判が形成されてゆく。バスネットの機能を拡張し、ソーシャルメディアへの発信を容易にすることで、ソーシャルメディアにおける公共交通やバスネットの露出を増やし、バスの潜在的利用者を増やしていこうと考えている。現在、Android端末に向けて開発中のバスネットアプリケーションに、Twitterへの容易な発信機能を組み込んでおり、ソーシャルメディアと融合する形でどれだけ公共交通やバスネットの認知が高まり利用者が増加するか、実験を続けていく予定である。

また、バスネットによる観光情報の提供も開発を進めている。バスネットが出力する経路情報に加えて、長い待ち時間が発生する箇所や目的地周辺、経路上などにある観光情報を提供し、利用者が本来予定していた目的地だけでなく、それ以外の場所へも足を伸ばすよう促す。観光情報の詳細画面では、観光地の名称や写真、料金や地図といった通常の情報に加え、公共交通を利用してその観光地を訪れる場合の経路情報なども提示する。こうした機能によって、バスネットがすでに定まった目的地への移動を計画するためだけでなく、新しい移動の欲求を引き起こすメディアとして機能するようになる。

情報技術は、公共交通の利便性を最大限まで引き出すだけではなく、これまでにない形で公共交通の認知を高め、その利用を呼びかける情報発信、情報共有の手段として大きな可能性を持っている。今後、バスネットが先鞭をつけた高度な情報技術を活用し、さらなる公共交通の利用促進を目指したい。それが、ひいては地域の公共交通全体の活性化にもつながると考えている。

【参考文献】

1) 川村尚生、楠神元輝、菅原一孔（2005）：徒歩移動を考慮するバス経路探索システム、情報処理学会論文誌 46、No. 5、pp. 1207-1210
2) 川村尚生、菅原一孔（2007）：バスネットワークのための実用的な経路探索システム、情報処理学会論文誌 48、No. 2、pp. 780-790
3) 川村尚生、年岡和徳、菅原一孔（2008）：上下バス停を同一視する路線バスデータベースからの時刻表作成について、情報処理学会論文誌 49、No. 8、pp. 2757-2761

連携　スポット対応

2・8　ソーシャルメディアを活用した地域マーケティング

石井　晃

1　地域マーケティングのターゲット

地域マーケティングとは、顧客のニーズを踏まえた地域づくりをし、その情報を発信し、訪問してもらうための活動である。その実践においては、誰を対象としたマーケティングなのか、すなわち、誰を顧客とするかを明確にしておく必要がある。地域内の住人だけが対象である場合、特に過疎地域では、その経済的な効果は乏しく、地域内にあるお金が移動するだけである。大きく経済を廻すためには、自らの地域にとどまらない広域的な範囲の人々を対象としたマーケティングが重要となることは言うまでもない。特に、観光に関するマーケティングの多くは、自らの地域が属する都道府県を超えた人々が対象となる。筆者らによるインタビューによると、水木しげるロードを成功させた鳥取県境港市における境港観光協会の舛田会長は、鳥取県外の人に対象を絞り、県内の人はまったくの対象外としたマーケティングを行っていると証言している。

広域的な人々を対象としたマーケティングの場合、首都圏、関西圏などの人口集積地が主なターゲットとなる。人口集積地に住んでいる人は、日本の各地域からのマーケティングに加えて、様々な企業からのマーケティング、あるいは海外の観光地からのマーケティングなどを渾然一体として受け取る。そこには、過疎地域や小規模自治体からのマーケティングだからといったような発信者の事情について、何の特別扱いもない。つまり、受け手の視点では、過疎地域のマーケティング活動もその他様々に送られてくるマーケティング活動の一つである。地域や企業、海外の観光地によるそれぞれのマーケティング活動には競争の関係があるとも言える。したがって、過疎地域のマーケティングについても、その競争に勝てるマーケティングでなければならない。

2 ソーシャルメディアを用いたマーケティングの可能性

地方や過疎地域などにおける小規模な自治体が日本全国を対象としたマーケティング活動を展開する場合、テレビ等の広告宣伝費が膨大になって、とても過疎地域の手に負えないという考えを持たれるかもしれない。しかし、最近普及が著しいソーシャルメディアを有効に活用すれば、ほぼ無料に近い投資で日本全国を対象とするマーケティングが可能である。

ソーシャルメディアとは、ブログや mixi、Facebook、Twitter 等に代表されるインターネット上のサービス（SNS、Social Network Service）であり、伝統的なマスメディアと異なり、どの人々・組織でも情報発信でき、また、ある特定の人々に密な情報交流の場を提供できるツールである。このため、過疎地域における小規模な自治体においても、それを活用して、消費人口を増やして地域経済を廻しやすくする仕組みを構築することが可能である。

ソーシャルメディアへの書き込みは会員に限られるが、書き込まれた内容は一般公開されていて非会員も読むことができる場合が多いため、ソーシャルメディアに書き込まれたものは、事実上インターネット上の広告と同じ効果を持つ。ソーシャルメディアの中でも特に Twitter は、東日本大震災時に速報性や地域密着のきめ細かな災害救援活動などに有効として注目され、それ以来、日本での利用者が増えている。

しかも、全国どころか世界規模でアクセス可能であるため、ソーシャルメディアを効果的に用いれば世界規模でのマーケティング活動が可能となる。もちろん、過疎地域であっても、パソコンや携帯電話などでインターネットに接続できればソーシャルメディアの利用が可能であり、したがってソーシャルメディアによるマーケティング活動も物理的には可能である。基本的にブログや Twitter、Facebook の利用は無料であり、そこから世界に向けての発信も無料である。つまり、うまく活かせば、ソーシャルメディアを無料の広告発信手段として使えるわけである。つまり、ソーシャルメディアを活用すれば、人口集積地から一般に遠方であるという過疎地域の地理的な、また予算が少ないという財政的なハンディキャップを負うことなく、様々なマーケティングの可能性が開かれる。

3 「ヒット現象の数理モデル」の考え方

広告の投資効果や、テレビでのCM露出の影響、クチコミの盛り上がりはマーケティングの研究分野における伝統的な関心であるが、その成果は、広告投資の総額が売上数と比例するかもという程度でしかない。

それに対し、筆者らは、人々の経済活動に関する意欲の高まりを数式で計算して予測する「ヒット現象の数理モデル」を提案している。これは、日々の広告から人々が受ける影響やクチコミ等の影響を加味した方程式に基づいて、人々の購入意欲を計算するものであり、広告戦略を立案する際に売上予測を可能とする数理モデルである。具体的には、あるイベントに行きたい、ある観光地を訪問したい、あるいは、人々がある製品を買いたい、ある映画を観たいと思う「購入意欲」を、テレビやインターネット、友人との会話、街での噂話を小耳に挟むといった様々な影響に基づいて計算する。数理モデルの詳しい内容は文献[1〜7]に譲るとして、以下では基本的な考え方をごく簡単に説明しておこう。

ヒット現象の数理モデルの全体像を表したのが図1である。ここでの広告･宣伝による影響とはテレビ番組やCM、インターネットのウェブサイトでのイベントや観光地などの広告・宣伝による刺激である。

購入意欲を刺激する別の要因は、人からのクチコミなどによる直接コミュニケーションである。例えば、親しい友人から先日訪れた観光地の話を聞く場合が典型的な例である。直接会って話すだけでなく、Facebook や Twitter で書かれたことで刺激され、あるいはそれにコメントを返すなどして、購入意欲が高まっていくことは、誰にでも経験があるだろう。

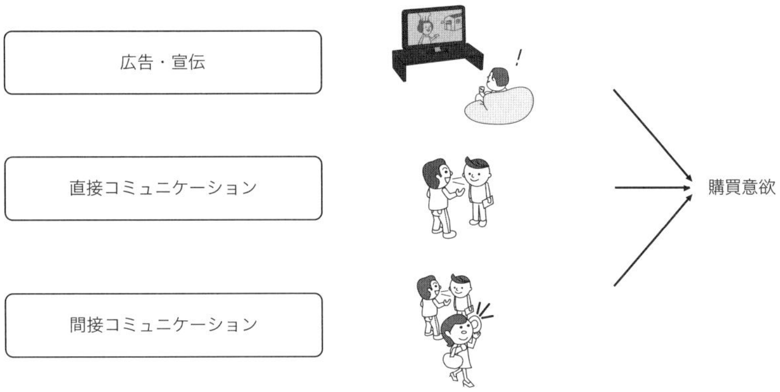

図１　ヒット現象の数理モデルの考え方

クチコミでもう一つ重要な要因は、街での噂などによる間接コミュニケーションである。街のあちこちで様々な会話が交わされている状況を想像してみよう。歩いている時や公共交通の中では、自分が興味ある話題だとつい聞こえてしまうものである。例えば、2002年の日韓ワールドカップで日本が決勝トーナメントに進めるかどうかの時、日本中どこでもこの話題で盛り上がっていたことを思い出す。また、街中でなくても、Facebook や Twitter、あるいは気になって検索して多くのブログが同じ話題を書いていることなどを見て、購入意欲を刺激されることもありうる。このような情報の取得は、話している相手、あるいは書き込んでいる相手が自分と繋がりを持たない知らない人、という特徴がある。このような刺激を我々の数理モデルでは、間接コミュニケーションと名付けている。なお、Facebook や Twitter は、上記のように、直接コミュニケーションと間接コミュニケーションの双方の媒体として機能する。

間接コミュニケーションは、しばしば、ヒット現象に対して重要な役割を果たす。すなわち、「あるレベルを超えるといきなり大ヒットになる」という状況をもたらす要因である。

この数理モデルを用いて映画についての予測をした結果をまずは示そう[8)]。これは、2011年の秋に公開された「ステキな金縛り」という三谷幸喜監督作

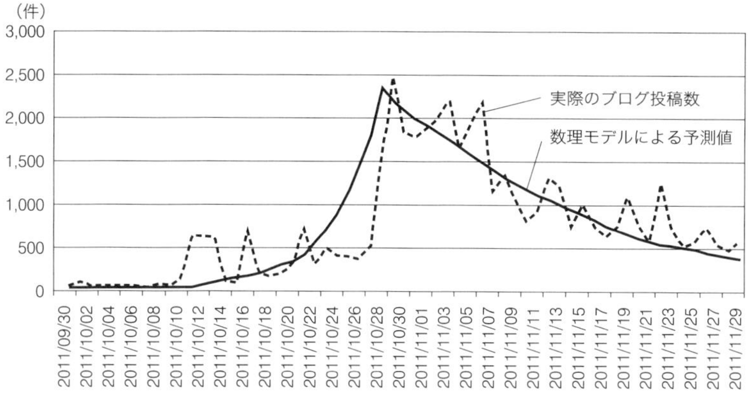

図 2　映画「ステキな金縛り」のブログ投稿数と数理モデルによる予測

品で大ヒットになった映画である。その映画についての直接／間接コミュニケーションの強さを数理モデルで解析して得たパラメータ（計算を実施するために外部から与える設定値）として設定して計算した結果が図 2 である。

図 2 の点線は、「ステキな金縛り」を話題にした 1 日ごとのブログの投稿数である。なお、映画の場合、投稿数は観客動員数にほぼ比例することが過去の研究で分かっている[1, 5, 6]。一方、実線は数理モデルによるブログ投稿数の予測値である。この図より、点線の推移の傾向を実線がうまくとらえていることが分かる。したがって、映画については、数理モデルでブログの投稿数を事前にある程度予測することができ、広告・宣伝をどれだけにすればどれほどの観客動員数となるのかをあらかじめ把握することができる。

4　地域マーケティングにおける観光客の予測

次いで、地域マーケティングにヒット現象の数理モデルを応用してみよう。その際、境港市の「水木しげるロード」と、2009 年に開催された「鳥取砂像フェスティバル」を取り上げる。映画の場合と同様に、それらのイベントについての広告・宣伝と、直接／間接コミュニケーションの強さのパラメータを設定し、数理モデルを用いてイベントへの入り込み数を計算する。

(1) 水木しげるロード

数理モデルで計算する前に、ブログ投稿数をその内容で分類してみよう。全投稿を読み、内容が「水木しげるロード」に行きたいという肯定的な内容か、行きたくないという否定的な内容か、あるいはどちらでもないかで分類した。その結果が図3である。否定的な書き込みはほぼゼロである。これより、投稿の内容はほぼ肯定的な内容であり、否定的な内容はそもそもブログに書かないことが推察される。

「水木しげるロード」はその開設以来、新聞やテレビでの露出が1日ごとの広告出稿費換算で継続的に記録されている。図3にはブログ投稿数と広告の費用（ブログ投稿数と費用との相関が確認できれば十分であるため、費用の単位はあえて明記していない）を並べて記してある[9]。4月初めの集中的な広告・報道露出を契機にブログ投稿が増え、そのピークが5月の連休にあることが見てとれる。また、連休後におけるブログ投稿の減衰が、広告・報道での露出があるために多少緩やかになっている。

境港市でのイベントのように、大都市圏（首都圏、関西圏など）から遠方に位置する市町村でのイベントについては、広告等で刺激されても大都市圏の人々はすぐに行くことができない。早くても、その週の週末ということになるであろう。このため、広告・宣伝や直接／間接コミュニケーションで刺激された購入意欲のうち、平日の分をその週の週末に上乗せして計算した。

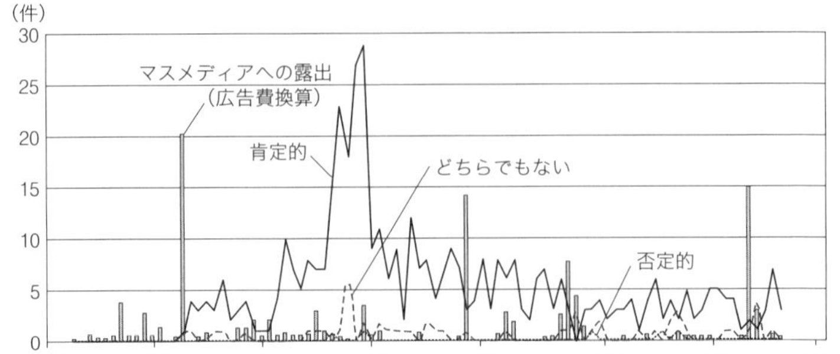

図3　水木しげるロードのマスメディアへの露出（広告費換算）とブログ投稿数

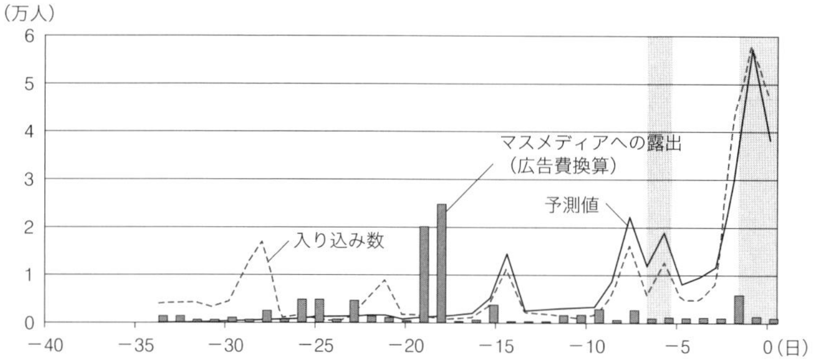

図 4　水木しげるロードの 2008 年ゴールデンウィークの入り込み数と予測値

その結果が図 4 である。図の横軸は、ゴールデンウィークの最終日を 0 としたときに、そこから何日前かを表している。網かけがなされている日はゴールデウィークであることを表している。「水木しげるロード」では光センサーを用いて来客数（入り込み数）を毎日記録している。図中には、この測定結果（点線）と数理モデルによる予測結果[7, 9]（実線）を記しており、両者はよい一致を示していることが分かる。

(2) 鳥取砂像フェスティバル

「水木しげるロード」と同様の方法に基づいて計算した結果を図 5 に示す。

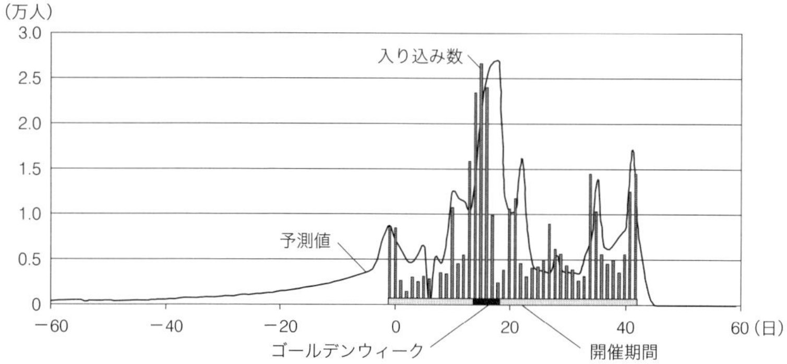

図 5　鳥取砂像フェスティバルの入り込み数と予測値

図の横軸は、開催期間の初日を０としたときに、そこから前後何日かを表している。この例についても、かなりよい一致を示している。このように、地域マーケティングについても、数理モデルの計算によって実際の入り込み数がある程度予測できることが分かる。

5 これからの地域マーケティング

以上のように、どのように広告・宣伝やコミュニケーション活動を行うかをモデルに入力すれば、どの程度の入り込み数が期待できるかが予測できる。したがって、闇雲に広告・宣伝等をするのではなく、数理モデルを用いて効果的なタイミングを図るといった戦略的な活動を展開することができる。

一方で、どのようにして実際に直接／間接コミュニケーションを高めることができるのか。もちろん、地域の商品（イベントや観光魅力など）の質がよいことが大前提である。その商品を買った人、イベントに行った人が満足し、その満足感を人に伝えたいと思ってもらうことが、まずいちばん大事である。

次は、どうクチコミを広めるかである。そのためには、まずは自らの地域の人々がソーシャルメディアを用いてタイムリーな情報を意見交換するような仕掛けが有効と思われる。地域外の人のクチコミを意図的に触発するのは不可能であるが、地域の人であれば日々や季節ごとのちょっとした変化に気づき、そのようなスポット情報をそのつど地域の人同士でソーシャルメディアを介して交換するよう促すことは難しくない。地域外の人にはそれを見て反応してもらう。知名度が低い地域であれば、「最初の一歩」を誰かが自然発生的に担うことを期待できないため、担い手を戦略的に定め、地元の人同士の連携に基づいて進めていくことが重要であろう。

その際、地域の魅力の発見には、地元の人よりは「よそ者」が重要な役割を担うことが多いという指摘があることにも注意したい。そこで、地域に関心があり、かつ、ソーシャルメディアを駆使できる人の移住（季節限定でもよいであろう）を戦略的に促進し、「つぶやき人」「書き込み人」として活躍してもらうのも有効であろう。このような、地元の人同士の連携に加えた地元内外の人の連携が有効であろう。

意外に見落とされているのは、特段のニュースや広告がない時期のソーシャルメディアへの書き込み数の重要性である。これが多いといつも注目されていることになり、広告を打てば多くの人に届くことになる。その状況をつくり出すには、少しずつ話題を提供して注目度を維持するしかない。そのためには、スポット情報を様々な人から絶えず集め、それを継続的に配信していくという地道な方策が有効であろう。そのためにも、地域の皆が「情報屋」を兼務し、情報の集約・編集拠点に情報提供するといった仕組みを整えておくことも重要であろう。

また、比較的大きめのイベント等であれば、その主催者がその準備過程についてもそのつど情報提供していくということもよいであろう。つまり、「イベントの制作過程」そのものをイベントにするという発想に基づき、長きにわたって継続的に情報を発信していくのである。

最後に指摘すべきは、数理モデルの威力を発揮するための環境整備である。このモデルを使うためには、客の入り込み数というデータを計測・蓄積するという地道な作業が不可欠である。ここで取り上げた「水木しげるロード」「鳥取砂像フェスティバル」のいずれも、光センサーを用いて客の入り込み数を毎日正確に測定している。さらに、「水木しげるロード」では、自ら打った広告だけでなく、テレビや新聞などで報道された記事も広告出稿費換算で毎日丁寧に記録を残しており、ほぼ完璧なマーケティングの基礎データが10年以上にわたって揃っている。なお、こうした地道な努力は、地域マーケティングのみならずあらゆるマーケティング活動の基本である。数理モデルについては、このようなデータに基づいて定めたパラメータを与えないと計算できない。逆に言えば、紹介した二つの事例は、基礎データの蓄積があるからこそ数理モデルが適用できた。どのような地域であれ、地域マーケティングはこのような地道な作業からスタートしなければならない。

【参考文献】

1) 吉田就彦、石井晃、新垣久史（2010）：大ヒットの方程式、ディスカバー・トゥエンティワン社

2) 石井晃、吉田就彦（2005）：ヒット現象の数理モデル、鳥取大学工学部研究報告第36号、pp. 71-80

3) 石井晃、吉田就彦、新垣久史、山崎富美（2007）：ヒット現象の数理モデルとマーケティング・サイエンス、鳥取大学工学部研究報告第37号、pp. 107-113

4) 石井晃、吉田就彦、新垣久史（2008）：日本ソフトウェア科学会ネットワークが創発する知能研究会第4回ワークショップ　JWEIN2008講演論文集、日本ソフトウェア科学会ネットワークが創発する知能研究会・情報処理学会数理モデル化と問題解決研究会、ISSN1341 － 870X No. 56、pp. 93-100

5) A. Ishii, S. Umemura, T. Hayashi, N. Matsuda, T. Nakagawa, H. Arakaki and N. Yoshida（2010）: Mathematical Model for Hit Phenomena, arXiv:1002.4460

6) A. Ishii, N. Arakaki, N. Matsuda, S. Umemura, T. Urushidani, N. Yamagata and N. Yoshida（2012）: New Journal of Physics 14063018

7) A. Ishii, T. Matsumoto and S. Miki（2012）: Progress of Theoretical Physics ; suppliment194, pp. 64-72

8) 福本亘（2012）：ヒット現象の数理モデルとクチコミ@係長の組み合わせによる映画ヒットの研究、鳥取大学工学部応用数理工学科 卒業論文

9) 松本武洋（2011）：ヒット現象の数理モデルを用いた地域活性化へのアプローチ、鳥取大学工学部機械宇宙工学専攻応用数理工学コース 修士論文

2・9　地理情報システムを用いた中山間地域における土地管理システム

長澤良太

1　広がる所有の不明確化

今日、中山間地域は著しい人口減少、過疎化、少子高齢化により土地管理者の不足が大きな問題になっている。土地管理者の不足は、農林地の管理放棄や土地境界の不明確化など、さまざまな地域資源に関わる問題を引き起きす要因として危惧される。特に、不動産所有に関しては、所有者の個人情報、今後の利用意志などさまざまな要因が絡み合っており、非常に複雑な問題である。実際、相続が決まっていないまま放置されている農地や山林、正規の相続手順が踏まれていない土地など、実態把握の困難な土地は少なからず存在しているのが現実である。

このように、所在不明の高齢者、不在者の財産管理、耕作放棄、土地・家屋所有権の空洞化などの問題は中山間地域においては今後一層深刻化することが予想され、早急な現状把握が必要とされている。以上の背景に加え、集落の小規模化、過疎化が今後さらに進行することによって住民の「つながり＝ネットワーク」が縮小する傾向にある。この縮小化を補うため、近隣住民の健康状態の把握から農林地の管理に至るまで住民情報管理のあり方が模索されている[1〜3]。

そこで以下では、地理情報システム（GIS）を用いて農林業地域の包括的な情報管理に有効な手法として、所有状況を示す筆地マップを活用した土地情報管理システムを取り上げよう。そのうえで、その具体的な実用事例として鳥取県日南町を対象に、本システムの運用、活用事例を紹介する。

2 GISを用いた土地情報管理の基本的な考え方

基礎的な土地情報として、農地や山林の空間的分布があるが、その把握には、地図データの利用が最適である。現在、土地（農地）区画をデジタル化した筆地マップ、森林計画図の林班界を森林台帳と関連付けしてデータベース化した森林GISデータなどが存在する。また、上下水道やガス管等の地下埋設物の図面についても、デジタル化して管理している地方自治体が多い。しかしこれらはそれぞれが独立した地図情報として作成、管理されている。一方で、1項に記した問題意識のもとでは、これらの土地や施設を誰が管理しているかや、どれだけの人々が関与しているかという人間の情報が必須となる。つまり、不動産や施設情報の結びつきを人（住民）を軸として関連付けることで、はじめて包括的な土地情報の管理が可能となる。

このような包括的なデータベースを作成することで、地域住民にとって理解しやすい情報を提示することができ、また、自治体も現況把握、情報管理をネットワーク化されたコンピューター上で行うことで、管理管轄の課を越えて認識の共有が容易になる。

3 筆地マップを活用した土地情報管理システム

(1) 土地管理システムの特徴

本システムでは、「その土地や施設は誰に管理・関与されているか」を明らかにすることに焦点を当てている。このため、「不動産、施設」という物的な財産と「誰」という人の情報を直接的に関連づけていることに特徴がある。

不動産と施設に関わる情報として、農地、林地、家屋を取り上げている。これらの各地図情報の関連付けには、固定資産課税台帳による個人情報を用いている。具体的には、圃場図、私有林地番図、家屋図の各レイヤーの属性に所有者個人の識別IDを付与し、三つの地図情報を関連付けている。

(2) システムの活用方法

地理情報システムを用いずに不動産や施設の情報を人と関連付け、また、その結果を一覧性をもって把握するためには、不動産や施設などの個々の地図情報（伝統的に、紙面での情報が用いられてきた）と固定資産課税台帳を見比べながら、どの不動産や施設が誰に管理・関与されていたのかを地図に書き込み、視覚的に表す作業が必要となる。当然ながら、小規模な範囲の地域でこの作業を実施する分にはこのようなやり方でも容易であるが、市町村全体を範囲としてこれを行おうとすると膨大な労力・時間を要する。もっとも、そのような作業を行おうという気力さえ出ないであろう。

しかし、地理情報システムを用いれば、もしくは（1）で紹介したような工夫が施された土地管理システムがあれば、どの地域にどれだけの農地や林地などがあり、それらのうちどれだけが所有者不在なのかを短時間で容易に可視化することができる。また、これらの情報を任意の地域別に出力して集計することができるため、各地域における課題の深刻さの違いも容易に比較することができる。これらにより、市町村は場当たり的に課題解決を行うのではなく、深刻な地域から順に対応するといったように、政策や事業の優先性を検討するうえで、また、その優先性を住民と合意形成するうえでも有用である。

さらには、高齢化や人口減少の進行に伴う将来像をシミュレーションし、予測される状況を可視化することができる。その際、高齢者数や人口を予測するための算出式が必要であり、それを土地管理システムと連動させることが必要となるが、例えば 10 年後であれば、現在の人口分布を 10 年ずらすという簡易な方法でも、大雑把な動向は把握できる。将来像が把握できれば、上記に述べた政策や事業の優先性の検討や、住民との合意形成にさらに役立つだけでなく、土地利用を見直したり、農地を集約的に管理する必要性を検討するなど、将来に生じうる課題を未然に防ぐための予防的な対応を検討するうえでも有用となる。

4 中山間地域における土地情報管理システムの活用事例

(1) 土地所有者の年齢推移

土地の管理状況は、所有者の状態に強く影響される。高齢化が進む中山間地域において、土地所有者の高齢化は土地の管理放棄の大きな要因になっている。構築された土地情報管理システムでは、圃場図の属性に土地所有者の生年月日情報が結合しているため、年齢分布ごとの田畑の様子を地図化することができる。そこで、この特性を活かし、鳥取県日南町のある大字集落における田畑の土地所有者の年齢推移をシュミレーションした。

まず、2010年における年齢別農業就業人口をみると、70～74歳をピークとして80～84歳までは20万人を超えているが、85歳以上では15～29歳とほぼ同数の約10万人と少なく、若年層と超高齢層の農業離れがみられる。このことから、農業生産における主力は60～84歳と考えることができる。そこで、ここでは59歳以下、農業生産の中核を担う60～89歳、適切な土地管理が困難になるであろう90歳以上の三つの世代に分けて集計した。

まず、2008年の年齢別保有者の分布を図1に表す。なお、図では60～89歳の年齢層を10歳刻みで細分化して表示している。この時点では、59歳以下が所有する圃場総面積が282ha（全圃場面積の20%）、60～89歳が951ha（68%）、90歳以上が170ha（12%）存在しており、適切な管理が期待できる圃場（所有者年齢が89歳以下）が9割近くという結果である。

それでは、近い将来である10年後ではどうか（図2を参照）。ただし、将来の人口は、単純に今の人口分布を10歳ずらすという簡易な方法を用いた。すると、59歳以下が55ha（4%）、60～89歳で823ha（59%）、90歳以上で526ha（37%）となり、適切な管理が期待できる圃場は全体の約63%となる。15年後には、90歳以上の耕作者が全圃場面積の約半数を所有することになる。さらに30年後には図3に示す分布となり、59歳以下が所有する圃場総面積が1ha（全圃場面積の0.07%）、60～89歳で281ha（20%）、90歳以上で1,121ha（80%）となり、持続的な農業生産は不可能となるだろう。

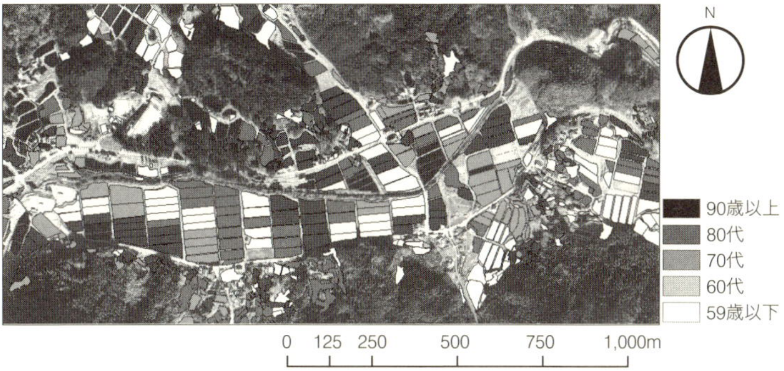

図 1　圃場所有者の年齢の空間分布（2008 年）

図 2　圃場所有者の年齢の空間分布（10 年後）

図 3　圃場所有者の年齢の空間分布（30 年後）

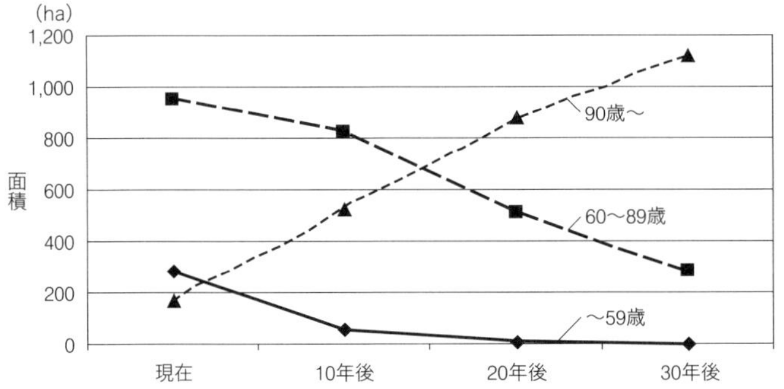

図４　圃場所有者の年齢の推移

農業生産を主軸に置く中山間地域において、農業の衰退は町の存続に強く影響すると言える。さらに、土地の所有権が次の世代に相続されたとして、その若者達が農業に従事するだろうか。その土地を適切に管理することが可能だろうか。高齢化率の高い日南町において、若年層の多くは町外へ転出しているのが現状である。このような状況、つまり所有する土地の近辺に所有者が居住していない状況で、土地を適切に管理することは至難だと思われる。そうだとすると、30年後には相当な困難に直面することが想定される。このため、地域政策を根本的に見直して、新たな土地利用のあり方を早急に検討する必要があると言える。(図4)

(2) 私有林所有権の空洞化

山林は、その地理的条件から管理が難しく、私有林の土地境界は住民にとっても実に曖昧な状態である。土地所有者本人でさえ、その全てを把握している場合のほうが稀だと言える。このような所有者不明の山林に加え、所有の自覚はあるがまったく管理を行っていないケースも少なからず見られる。間伐や土地管理の金銭的負担が大きい割に国産材が安く、金銭的還元が非常に少ないためである。このように、所有する山林への関心の薄れから所有権は紙面上には形式的に存在しているが、本人や周辺にとって不明確化している。このような状態を「所有権の空洞化」と呼び、山林管理のうえで大きな問題となっている。

日南町においては、所有者不明の私有林が全2万7,072筆のうち9,679筆(全体の35.8%)存在する。日南町の全私有林総面積が1万1,671haであり、うち所有者が不明瞭な私有林総面積が4,138haで、全体の35%に相当する。これに加えて、「所有者年齢が100歳以上」「所有者現住所が町外の場合」など、所有権がすでに曖昧になっているものも空洞化した私有林として扱うと、その割合はより高くなる。すなわち、「所有者年齢が100歳以上」の筆は546筆、「所有者現住所が町外」の筆が2,046筆ある。後者の筆の総面積が1,187haで、所有者が日南町内在住で100歳以上の筆総面積が232haである。これらに所有者不明瞭の筆4,138haを加えると5,556haとなって日南町全体の私有林総面積の48%に相当する。土地情報管理システムを用いてこの状況を可視化すると図5のようになり、町域の実は半数の私有林の所有権が不明瞭になっているのである。

私有林の管理において、まず必要なことは情報の補完である。すでに不明瞭になった広大な面積の所有のあり方を解明することは容易ではない。森林

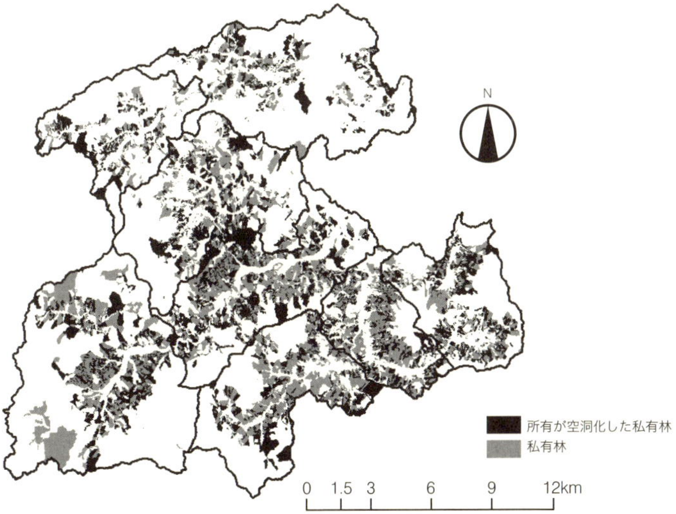

図5 私有林における所有者空洞化の現状

の整備の現場からは、把握の難しい森林所有者の所有森林の扱いについて、森林所有の空洞化という現実を踏まえた、より合理的かつ簡潔な対策が望まれている。この場合、私有財産を尊重することは当然であるが、何よりも地域の人々の森林整備に対する深い関心と、開始以来50年を経てなお国土面積の半分に満たない実施状況にある地籍調査の速やかな実施が望まれる。

(3) 不在者財産の空間的分布

不在者とは従前の住所または居所を去ったまま永く帰らぬ者、他に新たな住所、居所を設定することなく音信等絶えて生死のほども分らない者など、容易に帰来する見込みのない者をいう。ここでは、不在者の定義を

1) 固定資産課税台帳に記帳された年齢情報が、現在100歳以上であるもの
2) 固定資産課税台帳に記載された義務者の現住所が、町外であるもの
3) 固定資産課税台帳において筆所有者が不明であるもの

とし、いずれかに当てはまる場合を筆管理人が不在であるとして、その土地または家屋を、管理者不在の筆として扱った。日南町内のある集落において、その様相を土地情報管理システムにより地図化した結果を図6に示す。若干

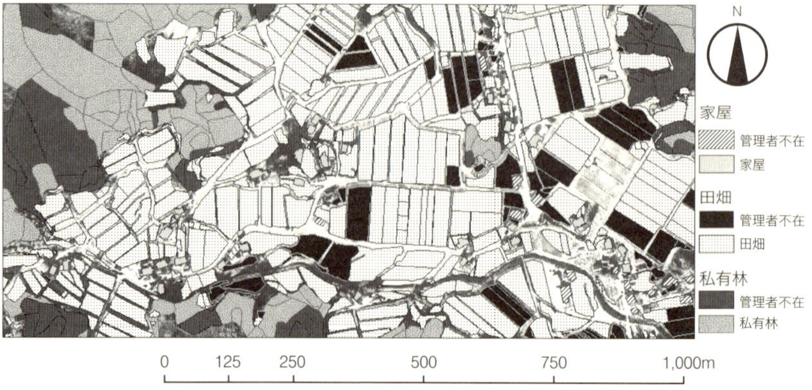

図6　不在者財産の分布図

判別が困難かもしれないが、濃い配色の箇所が管理者不在の家屋、田畑、私有林である。この図より、虫食い的に不在者財産が点在しているのがわかる。

田畑についてみると、日南町全域の圃場総面積は1,551haであるのに対し、管理者不在圃場の総面積は305haで全体の20%に相当する。これを七つの旧校区別でみたのが図7である。各地域の管理者不在圃場面積の割合は、最小で日野上の15%から、最大で大宮の24%であり、七つの大字間で地域差が見られており、人口減少が比較的進んでいる地区において、管理者不在圃場の割合が高まっている。若年層の人口減少に伴う少子高齢化は、人口の減少自体に問題があるのではなく、過疎化の進行による地域のつながり、ネットワークの縮小が問題とされる。閉鎖的な地域において、このネットワークの縮小は人口減少以上に急速に進行する。ネットワークの縮小は、近隣住民の健康状態の把握から農林地の管理に至るまでに影響を与えており、持続可能な地域運営に弊害を生じさせる。このことからも、過疎化が地域運営に影響を与えることが伺える。

管理者不在圃場の面積割合が高い地域では、土地所有者がその地域に居住していない可能性はもちろん、地域ネットワークの縮小により情報交換の機会までが減少していることが危惧される。近所付き合い、町内会などが持つ役割は侮れないもので、土地利用の意向や土地境界の確認などもそういった

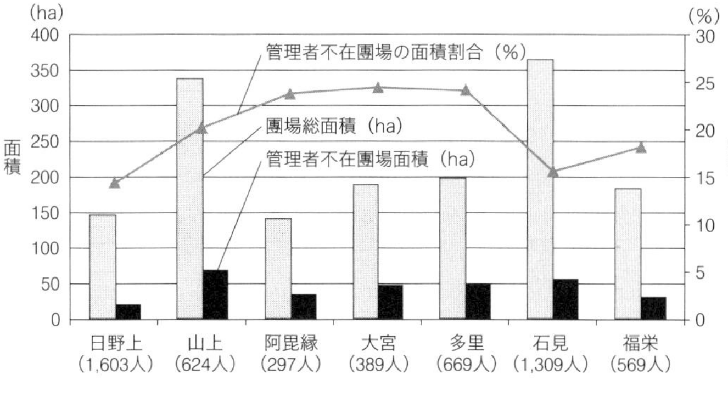

図7　圃場総面積と管理者不在圃場の面積
※地域名の下における（　）内の数値は人口を示す
（出典：平成22年国勢調査）

機会で行われることが多い。過疎化の進んだ集落では、このような土地管理に必要不可欠な機会の減少により、土地所有の不明確化が進行している。

【参考文献】
1) 藤山浩、中山大介（2006）：島根県中山間地域における人口減少の GIS 分析：集落 GIS データベースと農村計画への活用可能性、農村計画学会誌 25、pp. 431-436
2) 藤山浩（2003）：WebGIS による住民主導型地域マネジメントを目指して、JACIC 情報 18（4）、pp. 34-40
3) 作野弘和、山本伸幸、藤山浩、中山大介（2000）：GIS を活用した中山間地域集落の分析技法と課題：島根県中山間地域集落マップの作成を事例として、地理科学 55（4）、pp. 245-260

3章

持続可能な地域を支える行政システムへ
―鳥取の経験から

3・1 人口減少時代における自治体経営と政策サイクルのあり方

小野達也

1 人口減少と自治体経営

前章までは、過疎地域持続のための戦略や、その実現のための仕組み・技術を提案するとともに具体的な実践例を紹介してきた。今後は、過疎地域が抱える様々な課題に対し、これらの戦略に基づき、これまで言及したような仕組み・技術を盛り込んだ公共政策の立案・実行が望まれる。しかしながら、このような政策の必要性が明らかであっても、またその効果が期待できるとしても、自治体が直ちに実行に移すことは必ずしも期待できない。と言うのも、当の自治体政府が、人口の減少・高齢化という過疎地域が直面する課題に即応できる体制・システムを備えているとは言えないからである。

人口減少期の到来は、かなり前から分かっていた。合計特殊出生率（女性が生涯に産む子ども数の目安）が人口置換水準（長期的に現在の人口を維持できる水準）の2.07を割り込み、低下の一途を辿り始めたのは1970年代後半である。生産年齢人口（15～64歳）は1995年をピークに減少に転じた。少子化がもたらす人口減少が高齢化（高齢人口の割合の増大）を伴うのは必然である。

また近代以降、非都市部から都市部への人口移動も強弱の波こそあれ一貫して続く。人口流出による社会減と出生数減少による自然減の相関もまた明らかであり、市町村、集落と小さな単位ほど変化率は大きくなりうる。自治体人口の現状は、このような長年にわたる社会経済の変動の延長線上にあるのだ。

近年、人口減少の趨勢が顕著になるにつれ、自治体の対応を促す、あるいは警告を発する議論は盛んになりつつある。人口そのものを研究対象とする人口学よりも、マクロ経済、財政、産業政策、地理、行政制度などの分野で人口に関する政策を巡って活発な議論がある。それらは地域の経済・社会における「人口オーナス」（人口ボーナスの逆概念で、人口動態がもたらすマイナスの作用）を警告し、これまでの人口・産業の拡大が前提のガバナンスは無力になると指摘、衰退を止められない場合には住民の将来の幸福のために撤退等の決断も迫られると述べる。人口減少が続けば地域に何をもたらすか、その懸念が現実味を帯びるに至り、事態の深刻さを訴え根本的な方針転換を求めるものも多い。

一方、自治体行政の準備は遅れ気味だ。不可逆的に進行する人口の趨勢的変動への対処が後手に回っていることは否めない。例えば、関東地方の市区町村対象の 2002 年のアンケートでは 1995 ～ 2000 年に人口が減少（国勢調査ベース、以下同様）した自治体の 4 割以上が人口減少期に入っていると認識せず、全国の 1990 ～ 2000 年の人口減少都市 214 団体が対象の 2004 年のアンケートでは 47%が人口減少に伴う対策を総合的に検討したことがないと回答したという[1)]。このように人口減少に対する認識が不足気味の自治体も多く、また認識していても人口減少に適応した自治体経営ができているかは心もとない。

鳥取県では 2005 ～ 2010 年の間に、県全体を含め、1 団体（日吉津村（ひえづそん））を除くすべての自治体において人口が減少した。以下では、このように人口の減少傾向がいよいよ明らかになった鳥取県下の自治体における、人口を増加させるための政策や人口減少に政策を対応させる取り組みなどの事例に着目しつつ、人口減少に直面する自治体の経営と政策[注1]サイクルのあるべき姿を考察する。

2 問われる人口増加政策の有効性

人口の増加・維持あるいは減少の緩和を直接目指す政策と、雇用創出・企業誘致など結果的・間接的に人口増に繋がる政策を合わせて、ここでは「人口増加政策」と呼ぶこととする。人口減少をもたらす原因に取り組むこととなるから、「人口減少の原因対策」と呼んでもよい[2)]。

(1) 総合計画と人口

人口を重要な指標として掲げる典型が、中長期の観点から政策を体系的にとりまとめる総合計画である。かつて経済や財政が拡大基調であった時代、多くの自治体の総合計画では、自治体の存立基盤である人口が基礎データとして計画期間にどのように推移するか推計されていた。そこで示される将来人口の伸びは、財政の伸びの見通しと合わせ既存事業に新規事業を上乗せするためのものであり、目標値としての性格は希薄であった。しかし、人口減少の現実や可能性に直面するようになると、UIJ ターン誘導策や子育て支援、雇用確保策など直接・間接の人口増加政策が一斉に取り組まれるようになった。ここに至り、目標人口と謳っているか否かにかかわらず、人口が総合計画を代表する総括的な目標指標としての性格を帯びた。そして多くの場合、地域の発展や地域経済の成長に繋がる、あるいは前提となるような増加する人口の数字が掲げられた。

1項でも言及した全国の人口減少都市アンケート[1)]では、実に73%の団体が将来の目標人口・想定人口として計画時点を上回る設定をしていたという。人口減少を直視し受け入れることの難しさ、拡大志向に染まった行政文化の根強さがうかがえる。

筆者が2009年に鳥取県内16市町村の総合計画を調べたところ[3)、注2]、16団体のうちの14が総論部分で人口問題に言及し、その多くは当該自治体の将来にとって最重要の課題、喫緊の課題として取り上げている。残りの2団体は、人口減少がすでに顕著であるにも関わらず、総論部分での明確な言及はなかった。16団体のうち、総合計画の完成年度や中間年の推計人口を載せているのは13、政策の効果を見込んだ水準を示しているのが7である。その水準を「目標」とするのは4団体で、残りは「推計」「見込み」と表現される。

また16団体の総合計画のほぼすべてが、子育て支援や雇用確保などによって若者の流出を防ぎ定住を促進する、出生を増やす、などの人口増加政策を掲げているが、個々の具体的な取り組みがどれだけの人口増をもたらすのか、そのロジック（論理）と目標値を探しても十分な記述は皆無といってよい。倉吉（くらよし）市が「若者の定住化促進」諸施策の目標として若者人口の数や比率を掲げるなど、人口増加政策に関連する目標値の数字が5団体にあるのみである。

さて、人口関連施策の効果を見込んだ人口の水準を具体的に記した団体において、実際の人口はその後どのように推移したであろうか。上述の7団体に、後から人口目標を設定した鳥取市を加えた8団体の状況をみると、鳥取市において2015年度の目標値20万3,000人に対し2010年の実績が19万7,449人となるなど、実績が想定を下回る傾向が顕著である（表1）。

最近の総合計画では、人口増加の想定が困難になった結果、人口目標を明示することを避けたり、人口に言及しなかったりする例もあるようだ。しかし、自治体の存立基盤である人口の目標を掲げる意義はむしろ以前より大きいはずだ。例えば鳥取市の2011年度からの第9次総合計画は、人口増加政策の成果を見込んだうえで2015、20年の減少した人口の推計を掲載している。このような分析は今後どの自治体でも必須というべきだが、個々の政策がどれだけ人口減少を抑制するのか、内訳が明かされていないのが残念なところである。また、政策の成果を反映させた数字であるならば、目標値と位置づ

表1　政策効果を見込んだ人口と実際の人口の比較（単位:人）

	政策効果を見込んだ人口		実際の人口
	対象年（度）	設定人口	2010年国勢調査
鳥取市	2015	203,000	197,499
倉吉市	2010	52,600	50,720
境港市	2010	36,711	35,259
岩美市	2016	13,000	12,362
湯梨浜町	2010	18,022	17,029
北栄町	2010	16,287	15,442
大山町	2015	19,000	17,491
伯耆町	2010	12,322	11,621

※複数時点の設定がある場合2010年に近いものを掲載。
（各団体の計画及び国勢調査結果を用いて、筆者が作成）

けるべきだろう。

(2) 直接的に人口増加を目指す政策

続いて、直接・間接に人口増加を目指す個々の政策について、鳥取県内自治体における近年の取り組みを見てみよう[注3]。

直接的な人口増加政策の典型であるUIJターン誘導策として、鳥取県も移住定住・就職支援事業を行っているが、類似の取り組みがある市町村・関係団体・県関係部局の間の連携・役割分担が不十分であり、統合・一本化を含めた抜本的見直しが必要な状態であった。また、鳥取市の人材誘致・定住対策事業も、県や他市町村との調整・連携が不十分であり、市の人口増加への寄与という観点からの評価がなされていなかった。

子育て支援策は、一義的には子育て中の住民を支援することを目的とするが、出生率回復や子育て世代の流出抑制など直接的な人口増加政策としての性格を併せ持つ。鳥取市でも「総合的な子育て環境づくりの推進」施策が進められているが、人口増加政策としての有効性が検証されていない。そもそも少子化の最大の要因は晩婚化・非婚化という結婚の問題であり、保育所整備によって地域で生まれる子どもを1人増やすコストは2,780万円にもなるという推計[4)]もある。子育て支援策と出生率回復の関係はよく吟味する必要があろう。

地域の人口減少は長期的かつ構造的な要因の帰結であるゆえ、その反転が容易でないことは明らかである。そして財政状況は、費用に見合う効果が上がらない事業を続けることを許さない。人口増加政策という困難な課題に取り組むからには、関係機関の連携を含む態勢を整え、目標達成までのロジックを明確にしたうえで可能な限りの策を講じ、客観的に効果を検証することが求められる。

(3) 間接的に人口増加に繋がる政策

雇用創出や産業振興など、近年の開発・再開発政策の多くは人口増加の意図を含んでおり、間接的な人口増加政策と位置づけられる。実際、多くの地域において、人口減少と産業・経済の不振の間には深い関係がある。そして今や、経済成長率の低迷と地域間格差の拡大傾向のもとで、人口減少自治体における開発・再開発政策はマイナスサム・ゲームの様相を呈しつつある。

このように困難な状況では、間接的人口増加政策にも直接的政策同様、万全の態勢と効果の検証が欠かせないが、現実は、必ずしもそうではない。例えば、企業誘致には鳥取県も鳥取市も取り組んでいるが、両者の間の、また他自治体との連携は、最近まで十分とはいえない状況にあった。また、鳥取県の名古屋本部による企業誘致活動は他県と比べても注力の大きい取り組みであったが、6年間の誘致実績がわずか1件に止まっており、費用対効果が極めて低い状態にあった。

また、鳥取市では中心市街地活性化のための関連事業が少なくとも3本並行して進められていたが、互いに重複する面があるうえに、費用対効果の検証がなされていなかった。また鳥取県の「まちなかビジネス創出支援事業」は、モデル事業にも関わらず評価・検証システムが用意されていなかった。

直接的であれ間接的であれ、地域の人口減少を食い止めようという努力を放棄すれば人口減少の加速を招く可能性がある。現在取り組まれている自治体の人口増加政策はいずれも目的自体は妥当なもので、まったく無駄なものはないであろう。しかし今求められるのは、政策の実施状況や効果を検証して、必要があれば直ちに見直し、限られた行政資源をできるだけ有効に使うことである。

3 人口減少への政策対応

自治体の政策の立案と実行が、地域住民のための業務であることはいうまでもない。住民の数すなわち人口が増減すれば、またその構成（どのような属性の住民がどこにどれだけいるか）が変化すれば、政策は当然、対応が求められる。人口減少自治体においては「人口減少の結果対策」と呼んでもよい[2)]。

(1) 人口減少による行政需要の縮小

どのような政策も、その需要は対象人口の大きさと人口１人当たりの必要量とによって決まると考えることができる。人口・経済の成長が当然であった時代には多くの自治体において、人口増に対応して、さらには人口増を上回る税収増を元に人口１人当たりの水準を上昇させて、政策の供給量を拡大してきた。

人口や税収が停滞・減少に転ずれば、上とは逆方向の対応が必要なはずだが、この対応が十分ではない自治体が少なくない模様だ。以前に実施されたある自治体ヒアリング調査の結果として、人口が減少しても行政需要が減少したとする行政分野が少なかったことが報告されている[2)]。そこには、行政需要はニーズがベースであるから人口とは関係がない、人口が減っても住民の要望内容が年々強くなるので全体の需要は減らないし増えることもある、などいろいろな自治体の問題含みの見解も紹介されている。

人口減少自治体においては、現状維持という方針もよく吟味が必要だ。例えば鳥取市の出産支援事業や子育て相談事業の場合を考えよう。鳥取市における出産数と乳幼児数は今後年１～2%、5年間で5～10%減少する可能性が高い。市の方針は継続実施というものだが、サービス水準を維持するのであれば、対象者減少に合わせて事業費を削減するのが自然である。事業費を維持することは一人当たり行政コストの増大であるから、サービスの一層の充実か効率低下のどちらかを意味する。この点は明確に議論・判断されるべきであろう。

人口減少が長期間続けば、その分人口は大幅に減る。これを考慮しなければ、将来人口に基づく見積りは大幅に過大となる。その一例が公共事業の評価である。一般に公共事業は事前に費用と便益を見積もり、事業の効率（便益 ÷ 費用）などに基づいて採否が判断される。便益の量は受益者数に比例する場合も多く、人口すなわち受益者数の減少を将来数十年間の便益推計に織り込む必要がある。ところが多くの場合、完成直後に発現する便益が耐用年数の間持続すると仮定するため、人口減少地域では現実から乖離し、非効率な事業の実施に繋がる。

鳥取県で建設中のある農道について筆者が試算したところ、今後の鳥取県の人口推計どおりに交通量が推移すれば、完成後45年間の一般交通の便益は期間中一定を仮定した数字の89%に、生産年齢人口に比例するとすれば86%となった。農家の享受する便益も、農家人口が既存の推計に沿って推移すれば62%となる。人口減少自治体では便益の現実的な見積もりに基づく判断が必要だ。

(2) 人口減少に伴う構成・分布の変化

人口減少に転じた多くの自治体では、高齢者人口の増加が続く。高齢者対象の政策の水準を一定に保とうとすれば、費用は増大していく。財政状況を考えれば、個々の事業について必要性の吟味が必須である。例えば、多くの自治体が行ってきた、一定年齢を対象とする敬老祝金の類の事業がある。行政評価導入初年度にこの種の事業を抜本的に見直したり、事業仕分けで廃止すべきだと指摘されたりした自治体がある。例えば鳥取市にも類似の事業があるが、限られた予算の配分という観点からの見直しが必須であろう。

人口減少自治体では、限界集落など極端に人口密度が低い「低密度居住地域」[5)] が次第に発生・増加する。とりわけ広域合併した自治体では、低密度居住地域が高密度地域と同居し、密度の差がさらに拡大する中、サービス配分における公平や均等の意味を問い直さねばならない。例えば鳥取市が取り組む協働のまちづくりとして重要な地区公民館事業、コミュニティ推進事業、自治会活動活性化支援事業などは、助成額を各地区へどのように配分するのかについて「一律」「前年どおり」という定型的発想を超える明確な方針が必要になるだろう。

(3) 総量拡大モデルの限界

すでに述べたとおり、多くの自治体において産業政策・地域経済政策は間接的な人口増加政策でもあるが、人口減少が進む自治体の場合、政策立案時の目標値の設定には工夫を要する。人口減少には経済活動の規模縮小が伴う場合が多く、旧来型の総量を拡大する計画は非現実的なものとなりかねないし、非現実的な目標は計画自体の形骸化を招き、かえって阻害要因になるかもしれない。例えば、倉吉市の地域産業振興ビジョン策定に際し、目標指標とすることが検討された「経済自立度」(地域産業からの波及所得総額を地域全体の必要所得額で除したもの[3])のように、経済の絶対的な大きさよりも相対的な関係、あるいは経済の質を問うものなど、人口減少自治体では大きさに代わる尺度が必要である。

人口が減少し、その構成も変化すれば、多くの政策の需要あるいは供給すべき量も変化する。政策の対応が遅れれば供給が過大となったりミスマッチを生じさせたりし、行政経営の効率悪化を招くことになる。

4 人口減少下の自治体経営に求められる条件

鳥取県が2008年に、10年後を視野に策定した将来ビジョンには「人口減少・少子高齢化時代において、特に県土の大部分が中山間地域である本県においては、定住人口の減少を可能な限り食い止めるとともに、たとえ人口が減少しても持続可能な地域社会を形成することが必要」との記述がある。これは人口減少期に入った多くの自治体に共通する、これからの自治体経営に与えられた使命といってもよいだろう。肝心なのは、使命を果たすための具体論である。上では「人口増加政策」と「人口減少への政策対応」に分けて現状を述べたが、さらに両者の実効を高めるための共通の条件として2項目を挙げたい。

第一に、政策のターゲット(対象)の明確な把握である。現状では政策のターゲットとしての人口把握の不十分さが、人口減少の原因対策・結果対策双方の進捗を阻んでいる面がある。人口(人数、構成、社会経済との関係)とその変動は可能な限り精密に把握されねばならない。全数調査であり人口の基本的属性を調査している国勢調査の集計は、大前提として徹底活用すべきだろう。

そのうえで、低密度居住地域の集落や過疎的地域の農家など、小さな母集団については、別途の全数調査を行うことで緻密な把握(例えば年齢構成×

地理的分布の現状と将来予測など）が可能になる。低密度居住地域の集落など小地域の実体人口の現状を把握しようとする調査は、国・県・市の各レベルですでに様々実施されているが、それらの多くはマクロな実態把握やモデル事業のための調査である。今後必要なのは人口を緻密に把握・予測し、それらに基づいて政策を立案することだ。2011年に筆者も参加して実施した集落調査では、全世帯の現状や意向を把握することで人口・世帯や山林・農地など10年後の姿を精密に描くことができた[6)、注4]。このようなデータの集積こそが必要なはずである。

第二に、中期的観点からのPDCAサイクルの確立である。中期とは悠長に構えようという訳ではもちろんなく、人口の将来を客観的かつ現実的に見通し、中期的な観点から成果を把握して効率を評価せよ、という意味である。人口減少は趨勢的変動であるから中長期の正確な予測が可能であり、中長期の人口減少は地域を大きく変貌させるから、政策の立案にあたり予測は必須である。その見通しに基づいて、政策の立案・実行や見直しによって何を得ようとするのか、ロジックを明らかにしておかねばならない。ロジックが明確でない政策に成果は期待できない。また、困難な課題に取り組む政策の評価には中長期の観点が必要である。ただし、成果が期待できない、あるいは効率が悪いと判断されれば、直ちに撤退や見直しをし、次のサイクルに繋げなければならない。

PDCAサイクルは効率改善のための手法といえるが、人口減少自治体の経営においてもっとも重要な概念が効率である。人口減少・高齢化が1人当たりの税収を減少させる一方、1人当たり行政コストを増大させることは、多くの研究が指摘するところである。なお、効率重視とは、サービスの質を度外視してコストを削減することや経済効果だけを追求することではない。効率とは本来、サービスの質を含めた総合の効果と費用の比較である。

5 ｜賢く縮む、成熟した街へ

人口の自然減と地域間移動という全国規模の構造的変動を、自治体の努力で抜本的に止めることは難しい。自然減については、仮に国が画期的な政策を行ったとしても、その効果がこの国の経済社会に本格的に及ぶには数十年を要する。人口移動は、政策次第で明日にも止めることが可能といえるが、国全体の効率を考えると打つ手は限られるかもしれない。

しかし、地域の都市が「賢く縮む」ことで成熟していくことは不可能ではないはずだ。筆者が過去にイギリス、イタリアなどの国々で地方の小都市を訪れた記憶を辿れば、人口減少・高齢化が顕著なはずの土地でも、日本の風景を見慣れた感覚では不思議なくらい活気があった。多種多様な商店で働く様々な年代の人々、平日は乳幼児を連れた親子や楽しげに語らう高齢者、週末には若者も繰り出して常に一定の賑わいがある。確かに彼の地は長い時間をかけて社会資本を充実させた典型的な成熟社会であり、人生観や職業観も違うから安易な比較は慎まねばならない。しかし、人口減少が直ちに地域を衰退させ人々の暮らしを損なう訳ではないことを、ヨーロッパの多くの街は示している[注5]。国・自治体が取り組むべき課題は余りに多いかもしれないが、諦めるのはまだ早い。

【注釈】

[1] 煩雑さを避けるため、政策という語を狭義政策・施策・事務事業のいずれをも含む広い意味で用いる。政策体系の階層を問わず用いるプログラムと読み替えてもよい。

[2] 北栄町は調査時点で新しい計画を策定中であったため、新町まちづくり計画を参照。

[3] 具体的に言及する鳥取県・鳥取市の政策は、すべて筆者が評価者として関わった外部評価（行政の政策の外部からの評価）―鳥取県事業棚卸し（鳥取県版事業仕分け）・鳥取県公共事業評価委員会・鳥取市行財政改革推進市民委員会―の対象に 2010、2011 年になった、人口との関係が重要な政策である。主として課題や問題点を指摘するが、外部評価の後に何らかの改善がなされたものもある。また、そのような議論がオープンに行われたという点は評価すべき事柄である。外部評価の結果はすべて公表されている。

[4] 鳥取大学地域学部地域政策学科の「地域調査実習」の一環として実施した「屋住地域の現状と将来に関する意識調査」。10 年後のビジョンを描くための基礎資料を得ることが目的の、鳥取市用瀬町（2004 年に旧鳥取市と合併）の屋住地域協議会と連携して実施した。

[5] 松谷明彦・藤正巖も同様の観察・比較を行っている[7)]。

【参考文献】

1) 平修久（2006）：自治体の人口減少に対する問題意識は十分か、ガバナンス、No. 57
2) 平修久（2005）：地域に求められる人口減少対策、聖学院大学出版会
3) 小野達也（2010）：人口減少自治体における政策目標のあり方に関する研究、平成21年度持続的過疎社会形成研究プロジェクト研究報告書、鳥取大学
4) 阿部一知、原田泰（2008）：子育て支援策の出生率に与える影響、会計検査研究、No. 38
5) 塩見英治、山崎朗編（2011）：人口減少下の制度改革と地域政策、中央大学出版部
6) 鳥取大学地域学部地域政策学科（2012）：地域調査実習報告書7—鳥取市河原町・用瀬町・佐治町調査実習報告（1）
7) 松谷明彦、藤正巖（2002）：人口減少社会の設計—幸福な未来への経済学、中央公論社

連携 分散自立

3・2 持続的な行政運営のための体制づくり

谷本圭志

1 変革が求められる行政運営体制

本書ではこれまでに、人口減少、高齢化、過疎化という社会的な変化のもとで、どのような戦略が有効か、それらの具体的な展開形がどのようなものかを様々な分野にわたって述べてきた。また、3・1節では、戦略に基づいた政策や事業の立案・実行・改善サイクルについても、従来の人口増加時代とは異なるあり方が求められることを述べた。しかし、これらにさらに付け加えて強調すべきことがある。すなわち、このサイクルをまわしていく当事者である自治体組織やそれを構成する自治体職員についても、従来のあり方にとどまっていては今後の変化にうまく適応できないということである。

人口も含めて右肩上がりであった時代は、幾分ステレオタイプ的に言えば、地域の政策形成および行政運営を国がコントロールし、自治体は国の政策や制度のもとで事業をこなしていくという役割分担であった。実際、「地方主権」というスローガンが昨今注目されているが、これは、過去はそうではなかったことの証であろう。しかし、今やわが国は成熟し、国が様々な地域を一手にコントロールするのはもはや不可能であり、望ましいことでもない。

今後は、個々の地域にある資源や社会的な特性を踏まえ、創意工夫を凝らして、自治体が地域の人々とともに地域社会やその仕組みをつくりあげていくことが必要となる。なお、本書では、人口減少、高齢化、過疎化に直面する地域にとって共通的な問題解決のアプローチがあることを基調としているが、その言葉の表面だけを短絡的になぞらえれば、従来のように国がそれらのアプローチを自治体に指導・誘導すればよいのではないかと思われるかもしれないが、そうではない。戦略レベルにおいては様々な地域に共通するアプローチを見いだしうるのであるが、それを政策や事業として具現化するとなれば、その形は地域の特性に応じておのずと異なる。そうであるからこそ、創意工夫を注ぎこむ必要がある。

しかし、ここに大きな壁がある。先述のように、多かれ少なかれ地方は国の定めた政策や制度のもとで事業をこなしていくという役割を担っていたため、創意工夫が求められることも、また、そのような発想を歓迎する雰囲気も乏しいのが現実ではなかろうか。もっとも、最近は以前と比べて必ずしもそうではないと考えられるが、「事なかれ主義」「前例主義」のように、これまでの慣習にしがみつくとの自治体批判もいまだに目にするのも事実である。職員についても、「アイデアマン」「スーパー公務員」という言葉があり、このことは創意工夫ができる職員が珍しいことの裏返しでもあろう。このような状況下で、創意工夫を凝らすといっても言うは容易いが、実行はそう簡単ではない。少なくとも、「そうしなさいと」言われても、すぐにそうできる訳ではない。

また、この壁をいっそう高くする不安材料もある。それが、人口規模の減少等に伴う自治体職員の人数、すなわち、マンパワーの減少である。マンパワーが少なくなっても、それに比例して職員の業務量が必ずしも減るわけではない。例えば、様々な計画の策定が不要になるわけではなく、また、管理する道路の延長が短くなるわけでもない。職員数の減少と並行して高齢化が進行すれば、雪かきの支援業務が増えるといったこともありうる。こうなると、目先の業務をこなすのが精いっぱいであり、創意工夫などの余裕はなく、後輩職員の育成すら手が回らないという悲観的な事態も想定される。こうなると、健全な行政運営どころか組織そのものも維持できず、自滅的である。

このような事態を回避するには、従来の行政運営体制を見直し、人口減少などの変化に適応できるよう変革する必要がある。そのためには、創意工夫の文化に乏しく、かつ、マンパワーも不足気味である行政組織の欠点を補うべく、自治体外部との積極的な連携に基づいた行政運営体制をつくりあげることが一つの考え方となろう。

2 大学との連携システム

上記の課題に対しては、例えば市町村に対しては都道府県が、都道府県に対しては国が応援するといったように、行政組織同士で完結した応援体制を築くことがまずは考えられる。しかし、どの行政組織も類似した課題を抱えていることに加え、互いに内部の事情をそれなりに知っているがゆえに思い切った変革ができないという限界もあろう。そこで期待されるのが、自治体の近隣にある大学である。

言うまでもなく、大学はこれまでにも様々な分野で地域に貢献してきた実績があり[1、2]、また、そこで蓄積された知識やアイデアも少なくないと考えられるため、新たな行政運営システムに「参加」する有力な応援部隊になりうる。特に、マンパワーが不足している自治体においては、専門的な知識をもつ職員も少なく、また、その知識の継承も十分になされないという負の連鎖が生まれている可能性が高く、この連鎖を止めるためにも、専門知を豊富に有する大学との連携が有効である。なお、ここで言う「参加」とは、自治体に設置される委員会や協議会の委員として大学教員が参加するという伝統的な関わりにとどまるのではなく、政策や事業、仕組みの立案・運営・改善サイクルを自治体とともにまわしていくという「準当事者」としての参加である。

また、例えば3･1節では、政策の立案・実行や見直しによって何を得ようとするのかのロジックを明らかにしておく必要性が指摘されているが、どの政策にどのような効果があるのかについては学術的にも必ずしも明らかではなく、その解明を自治体に求めるのは幾分酷でもある。このような専門的・科学的な分析は、準当事者としてというよりは、研究者という本来の職務として大学が自治体に携わり、PDCA サイクルをまわしながらその検証を進める必要があるはずである。

大学の自治体への積極的な参加そのものを実証しようとする試みが、本書の著者である鳥取大学過疎プロジェクト（正式な名称は、鳥取大学持続的過疎社会形成研究プロジェクト）の営みそのものである。このプロジェクトでは、地域課題の解決の応援者として教員が様々な自治体の行政運営に参加しており、これらの成果は自治体にも還元されている。ただ、大学と自治体とのこのような連携が機能するには、どのような連携でもよいわけではない。それ相応の仕組みが必要である。そこで以下では、一つの参考事例として上記のプロジェクトを紹介しよう。

大学が自治体の行政運営に参加するには、双方の間に有機的ネットワークがなければ困難である。また、ネットワークがあったとしても、普段から顔をあわせて話をする機会がなければ形骸化する。この点を克服するために、鳥取大学と協定を結んでいる鳥取県日南町、琴浦町、南部町ならびに大山町（今現在は協定を締結していない）は、大学に職員を派遣している（その職員は「派遣職員」と呼ばれている。派遣職員の位置付けは図1を参照）。大学に派遣職員が常駐しているため、派遣職員と教員が公式の場（大学と自治体との連絡会議など）や非公式の場（廊下での雑談など）で顔をあわせる機会が日常的にあり、ちょっとした意見交換や、内々の打診などが円滑、かつ、頻繁に行われる。自治体は派遣職員を介して教員に公式・非公式に気兼ねなく連絡することができ、大学も派遣職員を介して自治体に公式・非公式に気

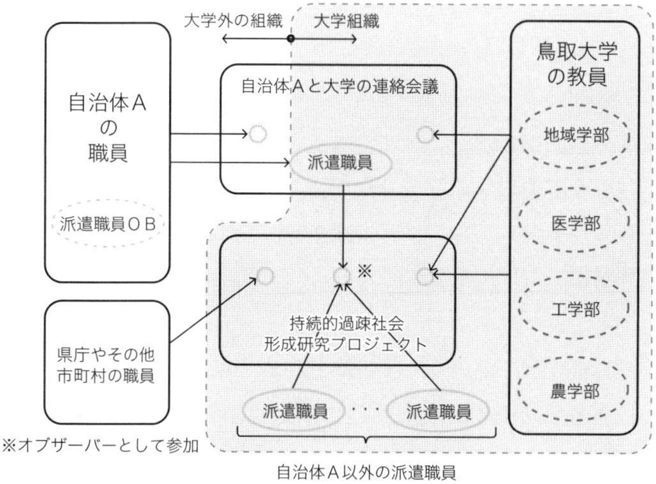

図1　自治体からの派遣職員の位置付け

兼ねなく連絡することができる。

この強固なネットワークは、自治体が様々な政策・事業に大学教員の参加を容易に求めることができるという利点があるが、大学の教員にも大きな利点をもたらす。教員が構想として暖めている研究主題をある地域で実践を試みる場合には、一般には様々な連絡や手続きを経ることになる。しかし、派遣職員がいれば、その実現可能性の感触を派遣職員を介して非公式に確かめることができる。研究のためのデータの提供や調査の実施可能性を自治体に尋ねる場合も同様であり、容易に行うことができる。このような環境に大学教員がおかれれば、地域で何らかの実践的な研究ができるという意識が常に頭にあり、それゆえ様々なアイデアを考え、それを地域に提案しようという動機をもつ。その案が自治体にとって魅力的な内容であれば、ネットワークはさらに強固なものになる。

さらには、大学の教員間にも効果をもたらす。集中的に教員との連絡を担う自治体職員が大学にいるため、結果として様々な地域課題の解決を担う大学教員が参加する体制が築かれる。したがって、学部や学科を超えた様々な教員が同じ自治体に一堂にかかわることになる。これは重要な意味をもつ。すなわち、自治体の命運をともに背負う職人としての共同意識が教員に芽生える。また、自治体での報告会などで互いの研究発表を聞く機会がおのずともたらされ、大学で一般的な業務をしているだけでは内発的には生まれがたい学部・学科間の緩やかな連携が形成される。このように、派遣職員を中心とした大学と自治体の連携システムは、自治体にとっても、また、大学にとっても、様々な本来的、副次的な効果をもたらす。

3 住民組織への分権システム

1·5節をはじめとしていくつかの節で触れられているように、住民との協働、住民による共助など、住民の力を積極的に求めた行政運営システムを構築することは今後の重要な課題であり、その意義をここで改めて解説するまでもないであろう。ここでは、さらに踏み込んで、「地方分権」ならず「住民組織への分権」という視点に基づいた鳥取県境港市の事例を取り上げよう。なお、この事例は、2項で取り上げた大学との連携システムのもとで生まれたアイデアに端を発するものである。

境港市のみならず、どの市町村においても、市町村が管理する生活道路は市町村内に毛細血管のように張り巡らされており、その延長は膨大である。今後は人口が減少し、多くの税収が期待できないため、長期的な視野なしに場当たり的に道路を維持管理していては、今後、必要となる費用に予算が追いつかない事態が想定される。その結果、住民からの維持管理の要望は増え、その声に応えることへのプレッシャーが自治体にとって大きくなる。その際、「声の大きい」地区に傾倒するようなことになれば、維持管理を本来優先すべき重要な道路の維持管理がおろそかになって車両の通行や歩行に支障が生じるばかりか、地区間の不公平感も増し、自己破滅的な展開が予期される。

そこで、境港市は、自身が管理する道路（つまり、市道）をそれぞれの性格に基づいて分類し、それらの分類に応じて異なる基準での維持管理を行うとともに、幹線やそこに連絡する支線といった比較的重要な通行機能をもつ道路は行政が従前のように管理するが、末端の通行機能をもつ道路については、一定の予算を自治会等の住民組織（実際には、小学校区に対応する自治会組織）に与え、どの道路を維持管理するのかの決定権を住民側に委ねるという「分権型」の仕組みの試行を開始した。

行政と住民組織の役割分担という視点で整理し直すと、市道のうちどの道路を住民組織に分権するかは行政が決定する。分権するとされた道路は、行政が一定の予算を年ごとに住民組織に与え、その予算の範囲で、どの道路を維持管理の対象とするのかを住民組織が毎年決定する。ただし、工事施工者の選定や発注などの制度的・技術的な事項は行政が対応する。

これにより、住民組織に分権される道路については、それぞれの住民組織が考える優先度を反映した維持管理が可能になる。行政に対する住民組織の「声の大きさ」の違いも排除でき、この点での公平性も確保される。また、限られた予算のもとで維持管理の優先性を住民自らが考えるため、費用対効果の観点を住民がもつことになる。予算の増額をある住民組織が行政に要望することもあると思われるが、その場合、どの住民組織も互いに監視される構図になるため、その要望が全市的な観点での合理性を有しているのかがおのずと問われる。

一般に、住民には長期的な視点をもってもらえない、全市的な視点をもってもらえないという難点がある。しかし、多くの人口を抱えていない市町村であれば、いや、むしろそのような市町村であるからこそ、サービスの一方的な受益者ではなく、行政の運営を担う「公的な住民」としての役割を分権によって期待することができる。もっとも、行政と住民の役割やそれに基づいた行政運営システムの企画や全体の統括は行政の役割である。したがって、そのような企画をするための能力が自治体に問われることになろう。

この取り組みは2012年度に始まったばかりであるが、ここでの発想をその他の事業にも適用することを検討している。住民が道路の維持管理にかかわっている事例としては、住民が道路の維持管理作業を実施している長野県の下條村が有名であるが、下條村とは別の観点に基づいた住民への分権システムの先駆として、境港市の事例も注目に値しよう。

【参考文献】

1）　山中進、上野眞也（2005）：山間地域の崩壊と存続、九州大学出版会

2）　例えば、日本経済新聞社産業地域研究所（2011）：特集 大学の地域貢献度、日経グローカル、No. 184、pp. 10-27

◈コラム　自治体による努力の限界と国への期待

岡田　純

2·4 節で取り上げたように、豊かな自然を活かしたグリーンツーリズムの実施を検討する市町村が今後も増えるであろう。しかし、自然環境保全に関する法制度が複数の国の省庁にまたがっているため、それが実質的な活動や保護を担う市町村に困難をもたらす場合がある。国の特別天然記念物であるオオサンショウウオを例にとれば、文化庁が定める文化財保護法に基づいて保護されている。一方、絶滅危惧種の保護や生態系および風景・景観の保護に関しては種の保存法や自然公園法などがあり、これらは環境省の所管である。また、河川環境の維持管理・保全は国土交通省の管轄である。野生生物の保護には、ターゲットとなる生物だけではなく、それを取り巻く生息環境全体を保全する必要があり、そのためには各省庁の連携が重要である。しかし、縦割り行政の影響も相まってその連携は不十分であり、市町村が努力をしても効果的・持続的な保護に結実しないことがある。

このような状況は生物保護の分野にとどまらない。住民の買い物支援に着目すると、路線バスなどの公共交通での買い物支援に関しては国土交通省、移動販売での支援は経済産業省が所掌する。1·3 節にもあるように、身体能力などの個々の高齢者の境遇によって公共交通と移動販売のどちらの支援が望ましいのかが異なり、また、地域には様々な境遇の人々がいることから、本来的にはそれらを組み合わせた包括的な生活支援が重要になるが、国にはそのような包括性を肯定する視点は必ずしもない。他にも、様々な省庁が関係する分野としては、生活排水処理（国土交通省、厚生労働省、農林水産省）が有名である。

国の縦割り体制が即座に変わるということは期待できないにしても、地域の持続可能性を高めるには、例えば補助金には上記の包括性を積極的に認める、自治体に財源や権限を移譲するなどの工夫については、必要な検討を進めてもらいたいと感じる。

おわりに

都市部の人々にとっては、過疎地域は生活の厳しい大変な場所であり、今さらなぜ持続を目指すのかというネガティブな思いがわくかも知れない。本書では、過疎地域の課題の面を取り上げて論じているため、本書の読者もそのように感じたかも知れない。しかしながら、住みにくさはどのような地域にもあり、様々な課題を抱えながらも、人はそれぞれの場所で健やかに暮らしているのである。

地域の住みにくさを引き起こす問題に対しては、様々な対策を講じて、減らす努力が続けられている。ただ、過疎地域については、問題の構造が異なるにもかかわらず、都市部で考え、都市の目で見た方策を適用しようとするために、しばしば適切な課題解決の手段になりえずにきたという側面もあろう。そこで、過疎の現地から問題を改めてとらえ直し、具体的な課題を通して問題解決の戦略を体系的に整理しようと試みたのが本書である。そしてそれらの課題には、人口減少、高齢化が大きくついてまわる。これらの現象は今後、あるいはすでに、都市部においても発生する問題であり、これから顕著になる都市の問題の解決の一端に私たちの試みが寄与できるのではないかと思っている。

このような意味で、過疎地域の持続的な社会づくりは、都市にとっても他人事ではないはずである。さらに、過疎地域あるいは地方が活力をもって存在し続けることは、都市の住民ひいては国家的な見地からも重要である。過疎地域あるいは地方は自然が豊かで資源の豊富な地域であり、食糧の生産供給地域であることはよく言われていることである。それだけではなく、重要無形民俗文化財を有する市町村では過疎地域が全体の55%を占めているように（総務省）、古くから人が住み、多くの伝統文化が伝えられているのもこのような地域である。また、限られた大都市周辺に人や活動や機能が集中することは、自然災害、交通・通信等の機能障害、環境汚染、国防・テロ対策などの観点からも決して望ましいことではない。文化の多様性、経済活動や居住の分散性こそが、国の品格や強靭性を支えるものである。

過密都市の問題を扱う学問は種々存在するのに対し、地方の問題を対象とするものは不十分であり、少ない人口、低密度、人口減少・高齢化に直面している地方自治体が身近に多数存在する鳥取大学こそが、自治体や住民と一緒になってこの問題に立ち向かい、新たな学問を打ち立てていかなければならないと考えた。そのような発想のもとに、全学横断的に教員の参加を得て「鳥取大学持続的過疎社会形成研究プロジェクト」を立ち上げ、地域の現実の中に課題を求め、具体的に解決の道を探ってきた。平成19年度からは5年間の予定で文部科学省から特別経費を受けるとともに、大学からも助成を得て事業を進めてきた。その結果、このような形で成果を世に問うことができたことは、この上ない喜びである。

その間、鳥取大学においては、学長をはじめ地域連携担当理事、事務関係者その他多くの関係者の方々の理解と支援に支えられてきた。地元の自治体の関係者にも大変お世話になった。特に、鳥取県、鳥取市、境港市、日南町、琴浦町、南部町、八頭町、智頭町、三朝町、江府町、日野町の行政関係者および住民の方々には、多大なご協力を賜った。このような地域との連携なしには本書を成すことはできなかった。プロジェクトメンバー一同、衷心より謝意を表したい。

本書の出版にあたり、学芸出版社の前田裕資氏には企画の段階からたいへんお世話になった。また編集の段階においては同社の岩切江津子氏にも参画いただき、細部にわたる丁寧な点検、ご意見を通して改善が重ねられた。お二人のご尽力に感謝申し上げます。

細井由彦

索引

執筆者略歴

＜編著者＞

谷本 圭志（たにもと　けいし）

1971年北海道生まれ。京都大学工学部交通土木工学科卒業、同大学院修士課程修了。博士（工学）。三菱総合研究所、鳥取大学工学部助手、助教授、准教授を経て、2010年より鳥取大学大学院工学研究科教授、現在、地域安全工学センター副センター長を兼任。著書に『バスサービスハンドブック』（共著、土木学会）、『参加型社会の決め方』（共著、近代科学社）など。国土交通省や鳥取県、兵庫県の自治体を中心に委員を多数歴任。

細井 由彦（ほそい　よしひこ）

1951年大阪府生まれ。京都大学工学部衛生工学科卒業、同大学院博士課程修了。工学博士。京都大学工学部助手、徳島大学工業短期大学部講師、同助教授、鳥取大学工学部教授を経て、2008年より同大学院教授。著書に『生活水資源の循環技術』（共著、コロナ社）、『新しい浄水技術』(共著、技報堂出版)など。

＜著者（執筆順）＞

片野 洋平（かたの　ようへい）

1974年東京都生まれ。上智大学法学部法律学科卒業、同大学院博士後期課程単位取得満期退学。博士(法学)。2008年より鳥取大学農学部助教。その他ワシントン大学、ハワイ大学客員研究員など。専門は、環境問題を対象とした法社会学。著書に「拡大する廃棄物市場と法制度―PETボトルと容器包装リサイクル法をめぐる議論を題材に」（共著、『法社会学68号』、有斐閣)、「社会関係資本の向環境行動への効果について―文京区を事例とした廃棄物・資源政策」（共著、『環境情報科学論文集23』、環境情報科学センター）など。

黒沢 洋一（くろざわ　よういち）

1957年香川県生まれ。鳥取大学医学部卒業、同年鳥取大学医学部助手、国立労働衛生研究所(スウェーデン)留学。鳥取大学医学部助教授を経て、2006年より鳥取大学医学部教授(健康政策医学分野)。専門は公衆衛生、産業保健、生活習慣病の予防、疫学。日本疫学会理事、日本公衆衛生学会評議員などを務める。著書に『公衆衛生学マニュアル2012』（共著、南山堂)、『社会環境と健康　公衆衛生学』(共著、医歯薬出版）など。

岡本 幹三（おかもと　みきぞう）

1947年島根県生まれ。島根大学文理学部卒業。医学博士。鳥取大学医学部衛生学教室助手を経て、1981年より同上講師。現在、がんの疫学をはじめ、学校保健、環境保健、食品保健に関する研究・教育担当。鳥取県がん登録対策専門委員会、鳥取県がん対策推進評価専門部会、東出雲町小児生活習慣病対策協議会、米子市環境審議会などの委員を務める。

松見 吉晴（まつみ　よしはる）

1952年兵庫県生まれ。鳥取大学工学部土木工学科卒業、同大学院修士課程修了。工学博士。大阪大学工学部助手、鳥取大学工学部助教授を経て、2006年より同大学工学部教授。著書に『波と漂砂と構造物』（共著、技法堂出版)、『Coastal Engineering Waves, Beaches, Wave Structure Interactions』（共著、Elsevier)、『図説日本の海岸』(共著、朝倉書店)など。

竹川 俊夫（たけがわ　としお）

1967年京都府生まれ。早稲田大学政治経済学部政治学科卒業、第一生命保険相互会社（現株式会社）勤務を経て、同志社大学大学院博士後期課程修了。博士（社会福祉学)。鳥取大学地域学部講師を経て、2010年より同准教授。著書に『住民主体の地域福祉論』（共著、法律文化社)、『現代社会と福祉』『福祉行財政と福祉計画』（以上、共著、久美出版)、『地域学入門』（共著、ミネルヴァ書房）など。

家中 茂（やなか　しげる）

1954年東京都生まれ。関西学院大学大学院社会学研究科博士課程後期課程単位取得満期退学。社会学修士。沖縄大学地域研究所を経て、2005年より鳥取大学地域学部准教授。著書に『地域学入門』（共編著、ミネルヴァ書房)、『地域政策入門』（共編著、ミネルヴァ書房)、『地域の自立 シマの力』（共編著、コモンズ)、『景観形成と地域コミュニティ』（共著、農山漁村文化協会）など。

永松 大（ながまつ だい）

1969年山口県生まれ。東北大学農学部農学科卒業、同大学院理学研究科生物学専攻博士課程後期修了。博士（理学)。農林水産省森林総合研究所研究員、鳥取大学教育地域科学部講師を経て、2007年より鳥取大学地域学部准教授、同乾燥地研究センター兼務教員。著書に『屋久島の森のすがた』(共著、文一総合出版)、『森の芽生えの生態学』（共著、文一総合出版）など。

日置 佳之（ひおき　よしゆき）

1957年東京都生まれ。東京農工大学農学部環境保護学科卒業、東京都職員（造園技術職）、建設省土木研究所（国土交通省国土政策技術総合研究所）主任研究員、鳥取大学農学部助教授を経て、2007年より鳥取大学農学部教授。博士（農学）。著書に『環境緑化の事典』『最新環境緑化工学』『環境デザイン学』『森林・林業実務必携』（共著、朝倉書店）、『環境アセスメントはHEPで生きる』（以上、共著、ぎょうせい）、『広葉樹資源の管理と活用』（共著、海青社）など。

古塚 秀夫（ふるつか　ひでお）

1953年兵庫県生まれ。鳥取大学農学部農業経営学科卒業、京都大学大学院農学研究科修了。農学博士。鳥取大学講師、同助教授を経て、2003年より同教授。著書に『農業会計の新展開』（共著、農林統計協会）、『これからのグリーン・ツーリズム―ヨーロッパ型から東アジア型へ』（共著、家の光協会）、『改訂　現代農業簿記会計』（共著、農林統計出版）など。

近藤 博史（こんどう　ひろし）

1956年兵庫県生まれ。大阪大学医学部卒業、同大学第3内科、放射線科研修後放射線科助手、大阪労災病院画像診断部副部長、徳島大学病院医療情報部副部長を経て、2001年より鳥取大学病院医療情報部教授、部長。現在、同大メディアセンター米子サブセンター長を併任。医療情報学会標準化担当幹事、IHE-J理事。遠隔医療学会運営委員、EuroPACSボードメンバー。研究分野は医用画像システム、電子カルテ等各種医療情報システムの開発、管理、評価、標準化など。

伊藤 昌毅（いとう　まさき）

1979年静岡県生まれ。慶應義塾大学環境情報学部卒業、同大学院政策・メディア研究科修士課程修了、同後期博士課程単位取得退学。博士（政策・メディア）。2010年より鳥取大学大学院工学研究科助教。専門はユビキタスコンピューティング、地理情報システム。空間情報技術を軸にして、新しい空間体験を生み出す情報システムの研究に取り組んでいる。

川村 尚生（かわむら　たかお）

1965年兵庫県生まれ。神戸大学工学部システム工学科卒業、同大学大学院自然科学研究科博士課程中退。博士（工学）。鳥取大学工学部知能情報工学科助手、同助教授、同准教授を経て、2009年より同大学大学院工学研究科情報エレクトロニクス専攻教授。現在、エージェントシステム、社会情報システム等の研究に従事。バスネットの開発に対して、第4回中国地域産学官連携功労者表彰等を受賞。

菅原 一孔（すがはら　かずのり）

1956年兵庫県生まれ。山梨大学工学部電気工学科卒業、東京工業大学大学院理工学研究科電子物理工学専攻修士課程修了。工学博士。鳥取大学工学部電気電子工学科助教授、同学工学部知能情報工学科教授を経て、2007年より工学研究科情報エレクトロニクス専攻教授、現在、産学・地域連携推進機構機構長を併任。日本トリップ有限責任事業組合を大学発ベンチャー企業として設立、同専務理事を務める。

石井 晃（いしい　あきら）

1957年東京都生まれ。早稲田大学理工学部応用物理学科卒業、同大学院博士後期課程修了。理学博士。筑波大学研究員、ロンドン大学研究員、鳥取大学教養部講師、同助教授、鳥取大学工学部応用数理工学科助教授、同教授を経て、2008年より鳥取大学工学研究科機械宇宙工学専攻教授。CREST研究担当者。専門は表面科学理論と社会物理学。著書に『物性論入門』（共立出版）、『大ヒットの方程式』（共著、ディスカバー・トゥエンティワン）など。

長澤 良太（ながさわ　りょうた）

1956年埼玉県生まれ。立命館大学大学院地理学専攻博士後期課程中退。博士（地理学）。株式会社パスコ海外事業部、国際協力事業団（JICA）専門家（在インドネシア）を経て、1999年より鳥取大学農学部教授。著書に『リモートセンシングによる土地資源評価―東南アジアの土地利用』（古今書院）、『自然環境解析のためのリモートセンシング・GISハンドブック』（共著、古今書院）など。

小野 達也（おの　たつや）

1959年静岡県生まれ。東京大学教養学部卒業、オックスフォード大学大学院修士課程修了。MSc in Applied Statistics 。富士通研究所、総務庁、国際連合アジア太平洋経済社会委員会、三菱総合研究所、富士通総研を経て、2004年より鳥取大学地域学部教授。著書に『行政評価ハンドブック』（共著、東洋経済新報社）、『行政評価と統計』（共著、日本統計協会）、『評価論を学ぶ人のために』（共著、世界思想社）など。

岡田 純（おかだ　すみお）

1967年広島県生まれ。放送大学教養学部卒業、鳥取大学大学院連合農学研究科後期博士課程修了。博士（農学）。持続的過疎社会形成研究プロジェクト研究員。研究分野は自然資源の保全と活用。専門は爬虫両棲類学、動物生態学、保全生態学。著書に『広島県の両生・爬虫類』（共著、中国新聞社）など。

鳥取大学過疎プロジェクト（とっとりだいがくかそぷろじぇくと）

正式な名称は「鳥取大学持続的過疎社会形成研究プロジェクト」。工学研究科の教員を中心に、全学部からの教員が参加した学部横断的なプロジェクトとして2007年度に発足。文部科学省の特別経費の財政支援を得つつ、鳥取県や境港市、鳥取大学と協定を締結している日南町、琴浦町、南部町などとの密接な連携に基づき、フィールド実践的な社会づくりの学術研究と地域貢献を同時並行的に推進。初代代表は細井由彦教授、2012年度より代表は谷本圭志教授。

過疎地域の戦略
新たな地域社会づくりの仕組みと技術

2012年11月1日　第1版第1刷発行
2015年3月20日　第1版第3刷発行

編　者　谷本圭志、細井由彦
著　者　鳥取大学過疎プロジェクト
発行者　前田裕資
発行所　株式会社 学芸出版社
京都市下京区木津屋橋通西洞院東入
〒600－8216　電話075－343－0811
http://www.gakugei-pub.jp/
E-mail: info@gakugei-pub.jp
装　丁　㈱コシダアート／上原　聡
印　刷　イチダ写真製版
製　本　新生製本

ISBN978-4-7615-2540-8　Printed in Japan